聞いて覚えるタイ語単語帳

キクタン
タイ語
【入門編】

はじめに
「キクタン タイ語」とは

単語を聞いて覚える"「聞く」単語集"、すなわち「キクタン」！

　「キクタン」シリーズはアルクの英語学習教材からスタートしました。音楽のリズムに乗りながら楽しく語彙を学ぶ"チャンツ"という学習法を採用し、受験生からTOEICのスコアアップを狙う社会人まで、幅広いユーザーの指示を受けています。

　本書は、この「キクタン」をベースとして、タイ語を初めて学習する人を対象に、タイへの旅行や仕事、留学、ロングステイをスタートするにあたり必要と思われる単語を選んで刊行した『キクタン タイ語』です。

発音は「見る」「聞く」で徹底マスター！

　タイ語を使ったことのある方は、「カタカナで覚えたタイ語は通じない！」という経験お持ちなのではないでしょうか。それは、カタカナではタイ語特有の発音や声調(声の上がり下がり)を表すことができないからなのです。つまり、発音の「正確さ」こそが、あなたのタイ語が通じるかどうかを大きく決定づけるのです。そこで本書では、カナ表記を一切付けず、国際音声記号(IPA)による表記を採用しました。最初に「タイ語の発音」の章を設けていますので、まずはIPAと発音の基礎をしっかり学んでください。そして単語には、発音のコツをつかみやすいように、口の構えなどの発音のポイント解説と声調イメージを付けています。チャンツのリズムに乗りながら楽しくタイ語の音に慣れていきましょう！

　また、「発音練習」ページには、間違いを起こしやすい似通った音の単語をまとめていますので復習にご活用ください。

「例文」で話す力がUP！

　本書は、「タイ語の発音」「文法基本編」「場面活用編」などの章を設定し、さらに各章は「単語」と「例文」などのページにより構成されています。「例文」には日常会話に役立つフレーズを厳選して収録しています。単語を覚えた後は、文法解説を参考に、チェックシートを活用して、文に組み立てて話す練習をしましょう。タイ語の基礎文法や作文力が自然と身に付きます。

だから「ゼッタイに覚えられる」！
本書の4大特徴

1 目と耳をフル活用して覚える！

だから、タイ語をリズムに乗って覚えられる！

音楽のリズムに乗りながら楽しくタイ語の学習ができる「チャンツCD」を用意。繰り返し聞いて、話してタイ語の音に慣れましょう。アルファベット文字を使った国際音声記号（IPA）で表記していますので、タイ文字を学習していない方にも正しく学んでいただけます。

2 発音ポイントをしっかり学ぼう！

だから、タイ語らしい発音がムリなく覚えられる！

タイ語は、独特の発音や声調（声の上がり下がり）を持つ言語です。本書では、最初に「タイ語の発音」の章を設け、単語には発音のポイント解説や声調の視覚イメージを付け、発音のコツをつかみやすくしました。CD音声は口の構えを指導する発音インストラクション入りです。

3 例文で覚える！

だから、色々な場面で役立つ！

タイでのコミュニケーションに欠かせないフレーズを場面別に例文として挙げています。単語を覚えた後は、文法解説を参考に、文に組み立てて話す練習をしましょう。タイ語が初めての人にもタイ語の基礎をしっかりと身に付けることができます。

4 528(+α)の表現・語彙を厳選 – 付録も充実!

だから、すぐに使える！

現地の日常会話ですぐに必要となる単語や表現を厳選して収録していますので効率よく覚えられます。さらに、付録の単語も充実し、さまざまなシーンで応用の利く、入門期にピッタリの学習書です。巻末の単語索引は持ち歩いて簡単な辞書としても役立ちます。

本書とCDの活用法

意味を覚えるだけでは終わらせない。発音や文法もしっかりマスター！

見出し語はローマ字で！
「単語」ページの左側には、学習語彙を掲載しています。「発音重視」の観点から、IPAによるローマ字を大きく表示してあります。

声調表記に工夫！
タイ語に特徴的な五つの声調（上がり・下がり）を、初めてタイ語に取り組む人でも直感的に分かるような図を考案しました。CDに収録された音声と合わせて、本場のタイの発音をモノにしましょう。

発音のポイント！
発音するときに特に注意を要する語彙には、そのポイントについて触れてあります。繰り返し確認しながら練習することにより、正しい発音に近づけるでしょう。

チャンツ音楽で楽しく覚えよう！
CDには、リズミカルなチャンツ音楽をバックに、タイ語の単語（＋日本語の意味）が収録されています。繰り返し聞いて練習することで、タイ語らしい発音や声調を丸ごと覚えてしまいましょう。チャンツでは、「タイ語単語＋日本語意味＋タイ語単語」の順で収録されています。

単語からまとまった表現へ！
「例文」では、学んだ単語を元にして、まとまりのある文章を作れるように工夫しました。解説を読み、語順に注意して文章を作る練習をしてください。音声は、CDには収録されていませんが、以下よりダウンロードすることが可能です。

アルクダウンロードセンター
http://www.alc.co.jp/dl/

CDには、楽しいチャンツ音楽のリズムに合わせて、タイ語と日本語の音声が交互に収録されています。自然とタイ語が口から出てくるように、何度も聞いて覚えてしまいましょう。

学習のヒント!

ステップ 1

(「単語」ページ):該当のCDトラックを呼び出し、重要単語やフレーズの発音と意味を確認!

ステップ 2

(「単語」ページ):CDに合わせて発音練習! IPAローマ字表記をしっかり確認し、「発音のポイント」も参考にしましょう。

ステップ 3

(「例文」ページ):語順に気を付けて、学んだ単語からまとまりのある文章を作る練習をしましょう。音声はCDには収録されていませんが、以下からダウンロードすることが可能です。

http://www.alc.co.jp/dl/

＊CDには見出し語と訳、一部の付録のみが収録されています。

付属チェックシート

本書の赤字部分は、チェックシートで隠せるようになっています。

※男性と女性とでは、1人称「私」の言い方や、丁寧に話す場合に文末に付ける丁寧語が異なります。本書に出てくる例文やフレーズは、男 が付いていれば男性の、女 が付いていれば女性の話し方になっています。覚えたり話したりする際には、自分の性別に合わせて、人称代名詞や丁寧語を入れ替えて話してください。

※各品詞には品詞が二つ以上の句も含まれています。品詞の分類は、冨田竹二郎(1987)『タイ日辞典』養徳社、『仏暦2542年タイ国学士院版国語辞典』を参考にしました。

【目次】

はじめに……2　　本書とCDの使い方……4　　タイ語の発音……8

文法基本編……29

1. 日常よく使う表現………30
2. 肯定文と時制…………32
3. 否定文と疑問文………40
4. 疑問詞………………46

場面活用編……47

1. あいさつ(1) ― お名前は？……………………48
2. あいさつ(2) ― いつタイへ来ましたか？……………52
3. 移動する ― タクシーを呼んでください……………58
4. 食事する ― 注文をお願いします…………………66
5. 買い物をする(1) ― お土産を買いたいです…………74
6. 買い物をする(2) ― 値引きしてもらえますか？………82
7. レジャー・観光を楽しむ ― 映画を見に行きましょう…88
8. 宿泊する ― 1晩いくらですか？……………………94
9. 働く(1) ― アポイントメントを取りたいのですが……98
10. 働く(2) ― 会議は午後2時です……………………104
11. 暮らす ― 部屋を掃除してください………………110
12. トラブル・病気 ― パスポートがなくなりました……116

付録

数の表し方……………28		飲み物…………………136
時間の言い方…………63		デザート・菓子…………136
単位・計算/加減乗除……122		食材……………………137
発音練習………………124		果物……………………138
便利な表現……………126		自然・動物……………138
形容詞…………………128		場所……………………139
動詞……………………129		タイ国内の地名………139
衣類・装飾品…………131		バンコク近郊の名所
色・柄…………………131		・ショッピングスポット…140
身の回りのもの………132		国・地域………………141
職業……………………133		スポーツ・伝統文化……141
家族・親戚……………133		体・健康………………142
食事……………………134		暦………………………143
調理法・調味料………134		季節・年月日…………144
味………………………134		位置・方角……………145
タイ料理………………135		前置詞…………………145
		接続詞…………………145

CD使用上の注意

- 弊社製作の音声CDは、CDプレーヤーでの再生を保証する規格品です。
- パソコンでご使用になる場合、CD-ROMドライブとの相性により、ディスクを再生できない場合がございます。ご了承ください。
- パソコンでタイトル・トラック情報を表示させたい場合は、iTunesをご利用ください。iTunesでは、弊社がCDのタイトル・トラック情報を登録しているGracenote社のCDDB（データベース）からインターネットを介してトラック情報を取得することができます。
- CDとして正常に音声が再生できるディスクからパソコンやmp3プレーヤー等への取り込み時にトラブルが生じた際は、まず、そのアプリケーション（ソフト）、プレーヤーの製作元へご相談ください。

タイ語の発音

1	長母音	01
2	短母音	02
3	二重母音	03 – 04
4	声調	05 – 06
	「単語」	07
5	頭子音	08 – 10
	「単語」	11
6	末子音	12
7	二重頭子音	13 – 14
	「単語」	15

※<u>白抜き数字は、CD のトラック番号です</u>

タイ語の発音

表記について

本書はタイ語特有の発音を正確に学んでいただくために、国際音声記号（International Phonetic Alphabet : IPA）で表記しています。タイではタイ文字が使用されており、普段 IPA は使われていませんが、まだタイ文字を学んでいない外国人タイ語学習者に覚えやすく、正しい発音で会話を覚えていただける便利な記号です。

1 長母音

タイ語は基本の母音が九つあります。それぞれの音に、長く伸ばして発音する長母音と、短く発音する短母音があります。長母音の IPA 記号は、同じ文字を 2 文字続けて書いてあります。CD を聞きながら口の形に注意して練習しましょう。CD を聞かなくても自分で読んで言えるように IPA 表記も覚えてください。

長母音	発音の仕方	イメージ図
1) aa	日本語の「アー」と同じ。	
2) ii	日本語の「イー」よりやや口を横に引っ張る。	
3) ɯɯ	【3種類の「ウー」に注意！】「イ」の口で「ウー」を発音する。	
4) uu	口を突き出しとがらせて「ウー」を発音する。	
5) əə	舌、唇、顎の力を抜いて半開きで「ウー」を発音する。	
6) ee	【2種類の「エー」に注意！】「イ」の口で「エー」を発音する。	
7) ɛɛ	「ア」の口で「エー」を発音する。	

8) oo	2種類の「オー」に注意！	口を突き出しとがらせて「オー」を発音する。	
9) ɔɔ		「ア」の口で「オー」を発音する。	

2 短母音

長母音で練習した音を短く発音するだけです。IPA 記号は 1 文字で表記します。

1) a	4) u	7) ɛ
2) i	5) ə	8) o
3) ɯ	6) e	9) ɔ

3 二重母音

基本の母音が二つ連続する二重母音が 3 種類あります。一つ目の音をやや長めに、二つ目の音を軽く発音します。

二重母音	発音の仕方
1) ia	i を少し長めに、続けて a を軽く発音します。
2) ɯa	「イ」の口の形の ɯ を少し長めに、続けて a を軽く発音します。
3) ua	口を突き出す u を少し長めに、続けて a を軽く発音します。

発音例

(1)	aa,	a,	ii,	i,	ɯɯ,	ɯ,	uu,	u
(2)	ee,	e,	ɛɛ,	ɛ,	oo,	o,	ɔɔ,	ɔ
(3)	əə,	ə,	ɯa,	ɯ,	ia,	i,	ua,	u
(4)	a,	ɯ,	e,	ɔ,	u,	ə,	o,	ɛ

4 声調

タイ語には音の高低を表す声調があります。日本語で「あめ（雨）」と「あめ（飴）」が高低の位置の違いで意味が異なるように、タイ語でも音の高低の違いで意味が異なる単語があります。日本語のアクセントは音節（音のまとまりの単位）と音節にまたがって音の高低がつきますが、タイ語の声調は一つの音節内に高低がつきます。
タイ語の声調は5種類あります。声調の記号は母音記号の上に付いています。

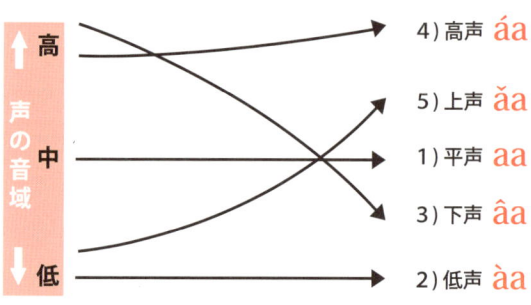

声調	記号	発音の仕方	イメージ記号
1) 平声	aa	中くらいの声の高さで真っすぐ。 平坦にして、抑揚をつけないようにする。	
2) 低声	àa	平声よりも低い高さで真っすぐ。	
3) 下声	âa	平声より高いところから下がる。 (何か思い出したときの)「ああ、あれか」の「ああ」の要領。	
4) 高声	áa	平声より高いところから、やや高いところに上がる。	
5) 上声	ǎa	平声より低いところから上がる。 最初は顎をしゃくる感じにすると出しやすい。	

声調記号も自分で読んで言えるようにしましょう。声調記号の形自体は、前ページの図の音の高低の形とは異なるので注意しましょう。（例：âa の山型マークを見て、「下から上がって低いところに下がる」発音をしないように）

発音例

(1)	aa	âa	àa	áa	ǎa
(2)	ôo	ǒo	oo	òo	óo
(3)	îi	ɛ̌ɛ	ə̀ə	ée	ɔɔ	ɯ́ɯ
(4)	ù	ɛ́	ɯ	ə̀	â
(5)	ûa	ɯ́a	ɔ̌ɔ	əə	ìa
(6)	maa 来る	mǎa 犬	máa 馬		
(7)	yâa 父方の祖母	yaa 薬	yàa やめて		
(8)	níi この	nǐi 逃げる	nîi これ		
(9)	sùa ござ	sɯ̌a トラ	sûa 上着、服		
(10)	naa 田んぼ	náa 叔父、叔母	nǎa 厚い		

□ 001 名 ยา
yaa
薬

関連語 thaan yaa 薬を飲む／thaa yaa 薬を塗る

□ 002 名 เบอร์
bəə
番号

★ əə は半開きでウー

関連語 bəə ʔaray 何番？／bəə thoorasàp 電話番号

□ 003 名 เบียร์
bia
ビール

メモ ＜[英]beer＞
関連語 bia sòt 生ビール

□ 004 名 หัว
hǔa
頭

★ ua は口を突き出してからウーア

□ 005 名 เมนู
mee nuu
メニュー

★ uu は口を突き出す

メモ ＜[英]menu＞

□ 006 名 เสื้อ
sɯ̂a
服

★ ɯa はイの口からウーア

メモ 上半身に着るシャツ、上着など
関連語 sɯ̂a phâa 衣類

□ 007 名 หมอ
mɔ̌ɔ
医者

★ ɔɔ はアの口でオー

関連語 pay hǎa mɔ̌ɔ 医者に行く

□ 008 名 แอร์
ʔɛɛ
エアコン

★ ɛɛ はアの口でエー

メモ ＜[英]air(conditioner)＞

□ 009 名 หมู
mŭu
豚

★ uu は口を突き出す

□ 010 数 ห้า
hâa
5

□ 011 代 นี่
nîi
これ (指示詞 ▶ P.147)

文法 「これは〜です」nîi + 名詞

□ 012 動 มี
mii
ある、いる

文法 「〜がある、いる」mii + 物／人 存在を表す

□ 013 動 ดู
duu
見る

★ uu は口を突き出す

□ 014 動 ซื้อ
súɯ
買う

★ ɯɯ はイの口でウー

□ 015 修 ดี
dii
良い

□ 016 助動 อย่า
yàa 〜
やめて、〜しないで

文法 「〜しないで」yàa + 動詞

> この「例文」のパートでは、覚えた単語を文に組み立てていく練習をします。
>
> **STEP 1** _ チェックシートを乗せて、日本語訳と解説をヒントに、タイ語の単語を言ってみよう！
>
> **STEP 2** _ 単語を確認したら文の形で言ってみよう！
>
> ＊「例文」の音声はCDには収録されていませんが、小社のホームページの「ダウンロードセンター」からダウンロードすることが可能です。詳しくは、本書のカバーを参照ください。

1 良い薬　ยาดี

yaa dii

薬 ＋ 良い

修飾語と被修飾語の順番は日本語とは逆で「被修飾語＋修飾語」です。

2 5番　เบอร์ห้า

bəə hâa

番号 ＋ 5

3 頭が良い。　หัวดี

hǔa dii

頭 ＋ 良い

主語の後ろに形容詞が直接続いて述語になります。英語の be 動詞のような言葉は使いません。タイ語の形容詞は動詞と同じ働きをするので、動詞として品詞分類されることがあります。

4 エアコンがある。　มีแอร์

mii ʔɛɛ

ある ＋ エアコン

存在を表して「~がある、いる」は mii ＋物／人　の順に言います。

5 ビールがある。　มีเบียร์

mii bia

ある ＋ ビール

6 メニューを見る。 ดูเมนู

duu mee nuu

見る ＋ メニュー

基本語順は、主語＋動詞＋目的語 です。何を話題にしているのか分かっている場合は、日本語同様、主語を省略できます。

7 番号を見る。 ดูเบอร์

duu bəə

見る ＋ 番号

8 服を買う。 ซื้อเสื้อ

súɯ sûa

買う ＋ 服

9 これを買う。 ซื้อนี่

súɯ nîi

買う ＋ これ

10 これはビールです。 นี่เบียร์

nîi bia

これ ＋ ビール

「これは～です」は nîi ＋名詞 で言います。

11 医者が来る。 หมอมา

mɔ̌ɔ maa

医者 ＋ 来る

12 来ないでください。 อย่ามา

yàa maa

～しないで ＋ 来る

「～しないで」は yàa ＋動詞です。

5 頭子音

音節の最初に付く子音（頭子音）は 21 種類あります。

無気音と有気音

無気音は息を抑え気味に口から息がなるべく出ないようにやさしく発音します。有気音は息を強く出して発音します。唇の前に手を置いて息が強く当たるのを確認しながら練習してみてください。
次の 8 種類です。有気音は IPA の 2 文字目に h が付きます。
母音 [aa] を付けて練習しましょう。

頭子音		発音の仕方
1) k-	無気音	息を抑え気味に「カ行」を発音する。舌の付け根を上顎からそっとやさしく離す。「ガ」に近い感じの音。
2) kh-	有気音	息を強く出しながら「カ行」を発音する。
3) c-	無気音	息を抑え気味に「チャ行」を発音する。舌を上顎からそっとやさしく離す。「ヂャ」に近い感じの音。
4) ch-	有気音	息を強く出しながら「チャ行」を発音する。
5) t-	無気音	息を抑え気味に「タ・ティ・トゥ・テ・ト」を発音する。舌先を上の歯茎からそっとやさしく離す。
6) th-	有気音	息を強く出しながら「タ・ティ・トゥ・テ・ト」を発音する。
7) p-	無気音	息を抑え気味に「パ行」を発音する。両唇をそっとやさしく離す。
8) ph-	有気音	息を強く出しながら「パ行」を発音する。

★ その他の頭子音も母音 [aa] を付けて練習しましょう。

| 9) ŋ- | | 「ガ行」を鼻にかけて「ンガ・ンギィ・ング・ンゲ・ンゴ」のように発音する。 |

10) d-	「ダ・ディ・ドゥ・デ・ド」のように発音する。	
11) n-	「ナ行」を発音する。	
12) b-	「バ行」を発音する。	
13) f-	英語のfのように上の歯で下唇を軽くかんで発音する。	
14) m-	「マ行」を発音する。	
15) r-	舌を軽く震わせながら「ラ行」を発音する。	
16) l-	舌先を上顎にしっかり付けてから「ラ行」を発音する。	
17) y-	「ヤ行」を発音する。母音がイとエのときも舌の中ほどを上顎に接近させる。	
18) w-	両唇を使って「ワ行」を発音する。	
19) s-	「サ行」を発音する。母音がイのときは「シ」ではなく「スィ」の感じで。	
20) h-	「ハ行」を喉の奥から発音する。	
21) ʔ-	声門閉鎖音。母音を発音するときに伴う。	

発音例　　CD 10

(1)	kaa カラス	khǎa 足	ŋaa ごま
(2)	dii 良い	tii 打つ、たたく	thîi ～で (場所)
(3)	phaa 連れる	pâa おばさん	baa 酒場
(4)	fáa 空	hǎa 探す	hǔa 頭
(5)	rɔɔ 待つ	lɔ̀ɔ ハンサムな	rúu 分かる

□ 017 名 มือถือ
mɯɯ thɯ̌ɯ 携帯
★ ɯɯ はイの口でウー／th は息を強く

メモ mɯɯ <手> + thɯ̌ɯ <持つ>
thoorasàp mɯɯ thɯ̌ɯ 携帯電話

□ 018 名 เนื้อ
nɯ́a 肉、牛肉 （食 材 ▶P.137）
★ ɯa はイの口からウーア

□ 019 名 ชา
chaa お茶
★ ch は息を強く

関連語 chaa khǐaw 緑茶、抹茶
chaa fáràŋ 紅茶

□ 020 名 กาแฟ
kaa fɛɛ コーヒー
★ f は下唇を軽くかむ／ɛɛ はアの口でエー

関連語 kaafɛɛ rɔ́ɔn ホットコーヒー
kaafɛɛ yen アイスコーヒー

□ 021 名 ปู
puu カニ
★ p は息を抑える／uu は唇を突き出す

□ 022 名 สปา
sa paa スパ
★ p は息を抑える

メモ <[英]spa>

□ 023 名 ทะเล
tha lee 海 （自 然 ▶P.138）
★ th は息を強く／ee はイの口でエー

関連語 mɛ̂ɛ náam 川／phuukhǎw 山

□ 024 名 สีฟ้า
sǐi fáa 水色
★ sǐi はスィーの感じで／f は下唇を軽くかむ

メモ sǐi <色> + fáa <空>

□ 025 動 ขอ
khɔ̌ɔ
下さい、もらう

★kh は息を強く／ɔɔ はアの口でオー　文法 「〜を下さい」は khɔ̌ɔ + 物

□ 026 動 เจอ
cəə
会う

★c は息抑える／əə は半開きでウー　関連語 phóp 会う（丁寧、書き言葉的）

□ 027 動 รอ
rɔɔ
待つ

★ɔɔ はアの口でオー

□ 028 動 หา
hǎa
探す

- -

□ 029 動 เสีย
sǐa
故障する、壊れる

★シーアではなくはスィーアの感じで

□ 030 修 เท่
thêe
格好いい

★th は息を強く／ee はイの口でエー

□ 031 修 ช้า
cháa
ゆっくり、遅い

★ch は息を強く

□ 032 接 ก็
～ kɔ̂ɔ …
〜もまた…

★k は息を抑える／ɔɔ はアの口でオー　文法 主語+ kɔ̂ɔ +動詞／形容詞　英語の also に相当

1 お茶を下さい。 ขอชา

khɔ̌ɔ chaa

下さい ＋ お茶

「〜を下さい」は khɔ̌ɔ ＋ 物 で言います。

2 コーヒーを下さい。 ขอกาแฟ

khɔ̌ɔ kaafɛɛ

下さい ＋ コーヒー

3 携帯が故障する。 มือถือเสีย

mɯɯthɯ̌ɯ sǐa

携帯 ＋ 故障する

4 エアコンが故障する。 แอร์เสีย

ʔɛɛ sǐa

エアコン ＋ 故障する

5 カニを買う。 ซื้อปู

sɯ́ɯ puu

買う ＋ カニ

6 医者を待つ。 รอหมอ

rɔɔ mɔ̌ɔ

待つ ＋ 医者

7 薬を待つ。 รอยา

rɔɔ yaa

待つ ＋ 薬

---

8 スパを探す。 หาสปา

hǎa sapaa

探す ＋ スパ

---

9 牛肉がある。 มีเนื้อ

mii núɯa

ある ＋ 牛肉

---

10 水色の携帯は格好いい。 มือถือสีฟ้าเท่

mɯɯthɯ̌ɯ sǐifáa thêe

携帯 ＋ 水色 ＋ 格好いい

---

11 お茶が遅く来た。 ชามาช้า

chaa maa cháa

お茶 ＋ 来る ＋ 遅く

状態を表す副詞は動詞の後ろに置きます。

---

12 コーヒーも遅く来た。 กาแฟก็มาช้า

kaafɛɛ kɔ̂ɔ maa cháa

コーヒー ＋ 〜もまた ＋ 来る ＋ 遅く

「〜もまた」は主語＋kɔ̂ɔ＋動詞／形容詞です。

6 末子音

音節の最後に付く末子音には9種類あります。

末子音	発音例	発音の仕方	イメージ図
1) -p	sìp 10 chɔ̂ɔp 好きだ	「葉っぱ（happa）」の「pa」の直前のpの音。両唇を閉じる。	
2) -k	hòk 6 bɔ̀ɔk 言う	「作家（sakka）」の「ka」の直前のkの音。舌先が下顎に付き、後舌が上がり上の柔らかい所に付く。	
3) -t	cèt 7 pɛ̀ɛt 8	「あった（atta）」の「ta」の直前のtの音。舌先が上の歯茎に付く。	
4) -m	khăm おかしい săam 3	「サンマ（samma）」の「ma」の直前のンの音。両唇を閉じる。	
5) -n	khun あなた sŭun 0	「あんな（anna）」の「na」の直前のンの音。口唇は閉じずに舌先が上の歯茎に付く。	
6) -ŋ	nùŋ 1 sɔ̌ɔŋ 2	「マンガ（manga）」の「ga」の直前のンの音。「ング」という感じで。口唇は閉じない。舌先が下顎に付き、後舌が上がり上の柔らかい所に付く。	
7) -w	thěw 辺り kâaw 9	母音の「ウ」あるいは「オ」を軽く発音する。	
8) -y	hây 与える rɔ́ɔy 百	母音の「イ」を軽く発音する。	
9) -ʔ	sàʔ 池 kɛ̀ʔ 羊	声門閉鎖音。短母音をきちんと発音した後に付く、声門が閉じられたときの音。	

7 二重頭子音

二重頭子音は二つの子音が連続する頭子音です。1番目の子音は k, kh, t, th, p, ph、2番目の子音は r, l, w のいずれかで11種類あります。

二つの子音と子音の間には母音を挟まず、間髪を入れずに子音を連続させて発音します。母音 [aa] を付けて発音してみましょう。

1)	kr-	kl-	kw-	← k 息弱く
2)	khr-	khl-	khw-	← kh 息強く
3)	tr-			← t 息弱く
4)	pr-	pl-		← p 息弱く
5)	phr-	phl-		← ph 息強く
	↑ r 震わせる	↑ l しっかり発音	↑ w 間髪入れずに続ける	

★ 外来語の場合、上記以外の二重子音もあります。例：frii 無料の

発音例

(1)	kron いびきをかく	klua 塩	kwàa より〜（比較）
(2)	khrua 台所	khláay 似ている	khwǎa 右
(3)	traa マーク、印	pratuu ドア、門	plaa 魚
(4)	phráʔ 僧侶	phrík 唐辛子	phleeŋ 歌

□ 033 名 ข้าว
khâaw
ご飯
★kh は息を強く

□ 034 名 ข้าวผัด
khâaw phàt
チャーハン
★kh, ph は息を強く／t は舌先を上歯茎に　[メモ] khâaw<ご飯> + phàt<炒める>

□ 035 名 ปลา
plaa
魚
★p は息を抑える　[関連語] 調味料のナンプラー nám plaa は、nám<水> + plaa<魚>の意味

□ 036 名 กุ้ง
kûŋ
エビ
★k は息を抑える／u は唇を突き出す／ŋ はングの感じで　[関連語] tôm yam kûŋ トムヤムクン

□ 037 名 น้ำ
náam
水
★m は口閉じる

□ 038 名 อาหาร
ʔaa hǎan
料理
★n は口を閉じずに舌先を上歯茎に　[関連語] ʔaahǎan thay タイ料理／ʔaahǎan yîipùn 日本料理

□ 039 名 บ้าน
bâan
家
★n は口を閉じずに舌先を上歯茎に

□ 040 名 กรุงเทพฯ
kruŋ thêep
バンコク
★k は息を抑える／ŋ はングの感じで／p は口を閉じる　[メモ] タイの人は普段はバンコクとは呼ばない

24

☐ 041 [名] เงิน
ŋən
お金

★ŋ はング／ə は半開きでウ／n は舌先を上歯茎に

☐ 042 [動] ทาน
thaan
食べる・飲む（丁寧）

★n は口を閉じずに舌先を上歯茎に　　[関連語] kin 食べる・飲む（くだけた言い方）

☐ 043 [動] กลับ
klàp
帰る

★k は息を抑える／p は口を閉じる

☐ 044 [動] ฝนตก
fŏn tòk
雨が降る

★n は舌先を上歯茎に／k はクと言う感じで　　[メモ] fŏn <雨> + tòk <降る>

☐ 045 [動] รถติด
rót tìt
（車が）渋滞する

★o は口を突き出して／末子音 t は舌先を上歯茎に　　[メモ] rót <車> + tìt <くっつく>

☐ 046 [修] ฟรี
frii
無料の、ただの

★f は下唇を軽くかむ　　[メモ] <[英] free>

☐ 047 [修] น่ารัก
nâa rák
かわいい

★k はクと言う感じで　　[メモ] nâa <～に値する> + rák <愛する>

☐ 048 [修] นะ
～ ná?
～ね、～よ

[文法] 文末に付けて、表現を和らげたり、確認、念押し、強調するための語

1 ご飯を食べる。 ทานข้าว
thaan khâaw
食べる + ご飯

---

2 海鮮料理を食べる。 ทานอาหารทะเล
thaan ʔaahǎan thalee
食べる + 料理 + 海

---

3 コーヒーを飲む。 ทานกาแฟ
thaan kaafɛɛ
飲む + コーヒー

---

4 豚肉チャーハンを買う。 ซื้อข้าวผัดหมู
sɯ́ɯ khâaw phàt mǔu
買う + チャーハン + 豚

---

5 水を下さい。 ขอน้ำ
khɔ̌ɔ náam
下さい + 水

---

6 エビチャーハンを下さい。 ขอข้าวผัดกุ้ง
khɔ̌ɔ khâaw phàt kûŋ
下さい + チャーハン + エビ

7 カニチャーハンを下さい。 ขอข้าวผัดปู

khɔ̌ɔ khâaw phàt puu

下さい + チャーハン + カニ

---

8 魚を買って来ます。 ซื้อปลามา

súɯ plaa maa

買う + 魚 + 来る

動作の順に動詞を連続させて「魚を買う」+「来る」と言います。

---

9 家に帰る。 กลับบ้าน

klàp bâan

帰る + 家

「〜に帰る」は 帰る + 場所 です。

---

10 バンコクに帰る。 กลับกรุงเทพฯ

klàp kruŋthêep

帰る + バンコク

---

11 無料でご飯を食べる。 ทานข้าวฟรี

thaan khâaw frii

食べる + ご飯 + 無料で

---

12 バンコクは、車が渋滞する。 กรุงเทพฯ รถติด

kruŋthêep rót tìt

バンコク + 車が渋滞する

■ 数の表し方

0	sǔun	6	hòk	20	yîi sìp
1	nùɯŋ	7	cèt	百	(nùɯŋ) rɔ́ɔy
2	sɔ̌ɔŋ	8	pɛ̀ɛt	千	(nùɯŋ) phan
3	sǎam	9	kâaw	万	(nùɯŋ) mùɯɯn
4	sìi	10	sìp	十万	(nùɯŋ) sɛ̌ɛn
5	hâa	11	sìp ʔèt	百万	(nùɯŋ) láan

1 2桁以上は、日本語と同じように数を組み合わせます。

例) 35 は、3 + 10 + 5 の順に sǎam sìp hâa

2 11 から 91 までの～1 の部分（11, 21, 31, 41, 51, 61, 71, 81, 91）は、nùɯŋ ではなく ʔèt を使います。

例) 41 は、sìi sìp ʔèt

ただし、101,1001,10001…の～1 の部分は、nùɯŋ も ʔèt もどちらも使えます。

例) 101 は、(nùɯŋ) rɔ́ɔy nùɯŋ または (nùɯŋ) rɔ́ɔy ʔèt

3 20 から 29 までの十の位の 2～は、sɔ̌ɔŋ ではなく yîi を使います。

例) 25 は、yîi sìp hâa

4 百万（láan）が一番大きな単位で、千万以上は百万までの数字を組み合わせます。

千万	10,000,000	sìp láan
一億	100,000,000	(nùɯŋ) rɔ́ɔy láan
十億	1,000,000,000	(nùɯŋ) phan láan
百億	10,000,000,000	(nùɯŋ) mùɯɯn láan
千億	100,000,000,000	(nùɯŋ) sɛ̌ɛn láan
一兆	1,000,000,000,000	(nùɯŋ) láan láan

文法基本編

1. 日常よく使う表現 17
2. 肯定文と時制 .... 18 – 20
3. 否定文と疑問文 .... 21 – 22
4. 疑問詞 23

※白抜き数字は、CD のトラック番号です

1. 日常よく使う表現

□ ครับ

khráp
はい（丁寧語） 男

> **メモ** 男性が用いる語。①「はい」の返事に使う
> ②文末に付けると丁寧な表現になる

□ ค่ะ

khâ?
はい（丁寧語） 女

> **メモ** 女性が用いる語。①「はい」の返事に使う
> ②文末に付けると丁寧な表現になる

□ สวัสดีครับ

sa wàt dii khráp
こんにちは、さようなら 男

> **メモ** 出会ったとき、別れのときに時間帯を問わず使うあいさつの表現

□ ขอบคุณค่ะ

khɔ̀ɔp khun khâ?
ありがとう 女

> **メモ** 感謝の気持ちを強めたいときは、mâak(とても)を付けて、khɔ̀ɔp khun mâak

□ ขอโทษครับ

khɔ̌ɔ thôot khráp
すみません 男

> **メモ** 謝るときにも、「すみませーん」と人を呼ぶときにも使う

□ ไม่เป็นไรค่ะ

mây pen rày khâ?
気にしないで（大丈夫） 女

> **メモ** お礼に「どういたしまして」、お詫びに「気にしないで」など、場の緊張を和らげる言葉

□ พบกันใหม่ครับ

phóp kan mày khráp
また会いましょう 男

> **メモ** phóp<会う>+kan<互いに>+mày<新たに、また>
> cəə kan mày と言うこともある

□ โชคดีค่ะ

chôok dii khâ?
幸運を祈ります 女

> **メモ** chôok<運>+dii<良い>
> 別れ際に相手の幸運を祈って言う表現。Good Luck!

- [ ] ใช่ครับ

chây khráp
そうです 男

> メモ 「そう、そう、そう」は chây chây chây

- [ ] ไม่ใช่ค่ะ

mây chây khâʔ
違います 女

> メモ mây<〜ない>+ chây <そうです>

- [ ] เข้าใจครับ

khâw cay khráp
分かりました 男

> メモ khâwcay <理解する>

- [ ] ไม่เข้าใจค่ะ

mây khâw cay khâʔ
分かりません 女

> メモ mây<〜ない>+ khâwcay <理解する>

- [ ] เข้าใจไหมครับ

khâw cay máy khráp
分かりましたか？ 男

> メモ khâwcay<理解する>+ máy <〜ですか？>

- [ ] อะไรนะคะ

ʔaray náʔ kháʔ
何と言いましたか？ 女

> メモ aray<何>+ náʔ <〜ね、(表現を和らげる)>

- [ ] พูดช้าๆครับ

phûut cháa cháa khráp
ゆっくり言ってください 男

> メモ phûut<話す>+ cháa cháa <ゆっくりゆっくり>

- [ ] พูดอีกครั้งค่ะ

phûut ʔìik khráŋ khâʔ
もう一回言ってください 女

> メモ phûut<話す>+ ʔìik<さらに>+ khráŋ <回>

2. 肯定文と時制

□ 049 [名] ร้าน
ráan　　店
★ n は口を閉じずに舌先を上歯茎に

□ 050 [名] ร้านอาหาร
ráan ʔaa hǎan　料理店、レストラン
★ n は口を閉じずに舌先を上歯茎に　　[メモ] ráan<店>+ʔaahǎan<料理>

□ 051 [名] คน
khon　　人
★ o は口を突き出す／n は舌先を上歯茎に

□ 052 [名] ญี่ปุ่น
yîi pùn　　日本　(国・地域 ▶P.141)
★ yîi はヤを言うときの舌の位置で発音／n は舌先を上歯茎に　　[関連語] khon yîipùn 日本人

□ 053 [名] ไทย
thay　　タイ
★ th は息を強く

□ 054 [名] เมืองไทย
mɯaŋ thay　　タイ国
★ ɯa はイの口からウーア　　[メモ] mɯaŋ<国>+thay<タイ>

□ 055 [名] อเมริกา
ʔa mee ri kaa　　アメリカ
[メモ] <[英]America>

□ 056 [名] เกาหลี
kaw lǐi　　韓国
[メモ] 正確には韓国が kawlǐi tâay<Korea+南>、北朝鮮が kawlǐi nɯ̌a<Korea+北>

□ 057 名 อังกฤษ
ʔaŋ krìt イギリス
★ŋはングという感じで／tは舌先を上歯茎に

□ 058 名 ภาษา
phaa sǎa ～語
★phは息を強く　　メモ 「言語」の意味

□ 059 名 ภาษาอังกฤษ
phaa sǎa ʔaŋ krìt 英語
メモ phaasǎa <～語>+ʔaŋkrìt <イギリス>

□ 060 名 ภาษาไทย
phaa sǎa thay タイ語
メモ phaasǎa <～語>+thay <タイ>

□ 061 名 กาแฟเย็น
kaa fɛɛ yen アイスコーヒー (飲み物▶P.136)
メモ kaafɛɛ <コーヒー>+yen <冷たい>
★kは息を抑える／nは舌先を上歯茎に　関連語 kaafɛɛ rɔ́ɔn ホットコーヒー

□ 062 名 น้ำส้ม
nám sôm オレンジジュース
★mは口を閉じる　　メモ nám<水>+sôm<ミカン>

□ 063 名 ผลไม้
phǒn la máay 果物

□ 064 名 วัด
wát 寺
★tは舌先を上歯茎に

□ 065 名 วันนี้ **wan níi**	今日	
	メモ wan<日>+níi <この~>	
□ 066 名 เมื่อวานนี้ **mûa waan (níi)** ★ɯaはイの口からウーア	昨日	
□ 067 名 พรุ่งนี้ **phrûŋ níi**	明日	
□ 068 代 ผม **phǒm** ★mは口を閉じる	私 男	人称代名詞 ▶P.146
□ 069 代 ดิฉัน **di chán** ★nは口を閉じずに舌先を上歯茎に	私 女	メモ 丁寧な言い方。女性は親しい相手には「私」の代わりにニックネームで言うことが多い。 関連語 chán 私(くだけた言い方)
□ 070 代 คุณ **khun** ★uは口を突き出して／nは舌先を上歯茎に	あなた、~さん	メモ 「~さん」khun+人名
□ 071 代 เขา **kháw**	彼、彼女	
□ 072 代 เรา **raw**	私たち	

□ 073 代 นั่น
nân
それ、あれ

★nは口を閉じずに舌先を上歯茎に

□ 074 代 โน่น
nôon
あれ

メモ かなり距離感があるときに使う。日本語で言う「それ、あれ」は上記の nân を用いることが多い

□ 075 修 นี้
~níi
この〜

文法 「この〜」名詞+níi
関連語 〜 nán その/あの〜、〜 nóon あの〜（遠い）

□ 076 動 ชอบ
chɔ̂ɔp
好きである （動詞 ▶P.129）

★pは口を閉じる

□ 077 動 เรียน
rian
勉強する

★nは口を閉じずに舌先を上歯茎に

□ 078 動 ไป
pay
行く

★pは息を抑える

□ 079 動 พูด
phûut
話す

★uは口を突き出して／tは舌先を上歯茎に

□ 080 動 เป็น
pen
である

文法 「AはB(名詞)である」A pen B
国籍、職業、続柄等を言うのに用いる

★pは息を抑える／nは舌先を上歯茎に

□ 081 [動] คือ
khɯɯ
すなわち〜である

★ɯɯ はイの口でウー　　　文法 A khɯɯ B　A=Bの意味

□ 082 [修] สวย
sŭay
美しい (形容詞 ▶P.128)

□ 083 [修] ยาก
yâak
難しい

★k はクを言う感じで　　　関連語 ŋâay 簡単な

□ 084 [修] ใจดี
cay dii
親切な

□ 085 [修] หิว
hĭw
おなかがすいた

関連語 ʔìm おなかいっぱいの、満腹の

□ 086 [修] อร่อย
ʔa rɔ̀y
おいしい

□ 087 [修] สนุก
sa nùk
楽しい

★k はクを言う感じで

□ 088 [修] เก่ง
kèŋ
上手な（よくできる）

★ŋ はングを言う感じで

□ 089 修 ร้อน
rɔ́ɔn
暑い、熱い

★ɔɔはアの口でオー／nは舌先を上歯茎に　関連語 ʔùn 暖かい、温かい

□ 090 修 เย็น
yen
冷たい、涼しい

★nは舌先を上歯茎に　関連語 nǎaw 寒い

□ 091 修 มาก
～ mâak
とても～

★kはクを言う感じで　文法 形容詞／動詞(句)＋mâak

□ 092 修 นิดหน่อย
～ nít nɔ̀y
少し～

★tは舌先を上歯茎に　文法 形容詞／動詞(句)＋nítnɔ̀y

□ 093 助動 จะ
ca ～
（未来の助動詞） 助動詞▶P.154

文法 主語＋ca＋動詞

□ 094 助動 อยากจะ
yàak(ca) ～
～したい

文法 願望「～したい」yàak (ca)＋動詞
否定「～したくない」mây yàak (ca)＋動詞

★kはクを言う感じで

□ 095 助動 แล้ว
～ lɛ́ɛw
もう～、すでに～

文法 完了「もう～した」動詞(句)＋lɛ́ɛw

□ 096 助動 ได้
～ dâay
～できる

文法 可能「～できる」動詞(句)＋dâay
「～できない」動詞(句)＋mây dâay

1 私は日本人です。 男 ผมเป็นคนญี่ปุ่นครับ

phǒm pen khon yîipùn khráp

私（男）+ である +   日本人   + 丁寧語（男）

国籍、職業、続柄、病名を言うには A pen B（A は B です）で言います。繋動詞 pen は英語の be 動詞のような役割をして名詞と名詞をつなぎ、A の B への属性を表します。

2 彼は鈴木さんです。 女 เขาคือคุณซูซูกิค่ะ

kháw khɯɯ   khun suusuukìʔ khâʔ

彼 +すなわち～である+   鈴木さん   + 丁寧語（女）

「A とは B です」と A そのものを取り立てて説明したり、「A こそがまさに B です」と言うには、繋動詞 khɯɯ で名詞と名詞をつなぎます。A=B の関係を表します。

3 それはタイの果物です。 男 นั่นผลไม้ไทยครับ

nân phǒnlamáay thay khráp

それ+   果物   + タイ + 丁寧語（男）

「これ / それ / あれは～です」は nîi/nân/nôon + 名詞 です。

4 彼は親切です。 女 เขาใจดีค่ะ

kháw caydii khâʔ

彼 +   親切な + 丁寧語（女）

形容詞は、主語の後ろに直接続いて述語になります。

5 このレストランはおいしいです。 男 ร้านอาหารนี้อร่อยครับ

ráan ʔaahǎan níi ʔarɔ̀y khráp

レストラン   +この+ おいしい + 丁寧語（男）

「この～ / その～ / あの～」は名詞 + níi/nán/nóon です。

6 私はタイがとても好きです。 女 ดิฉันชอบเมืองไทยมากค่ะ

dichán chɔ̂ɔp mɯaŋ thay mâak khâʔ

私（女） + 好きである +   タイ国   + とても + 丁寧語（女）

程度を表す副詞「とても～」や「少し～」は形容詞や動詞（句）の後に置きます。

7 彼はタイ語を話すのがとても上手です。 🧑 เขาพูดภาษาไทยเก่งมากครับ

kháw phûut phaasăa thay kèŋ mâak khráp

彼 + 話す + タイ語 +上手に+ とても +丁寧語（男）

状態を表す副詞「上手に」は動詞（句）の後に、「上手に」の程度を表す副詞「とても」はさらにその後ろに置きます。

8 私はお寺に行きたい。 👩 ดิฉันอยากไปวัดค่ะ

dichán yàak pay wát khâʔ

私（女）+ したい + 行く+ 寺 +丁寧語（女）

願望を表す助動詞 yàak (ca)「〜したい」は動詞の前に置きます。
「〜に行く」は pay+ 場所 で言います。

9 英語を少し話すことができます。 🧑 พูดภาษาอังกฤษได้นิดหน่อยครับ

phûut phaasăa ʔaŋkrìt dâay nítnɔ̀y khráp

話す + 英語 + できる + 少し +丁寧語（男）

可能を表す助動詞 dâay「〜できる」は動詞（句）の後ろに置きます。状態や程度を表す副詞はさらにその後ろに置きます。否定「〜できない」は動詞（句）+ mây dâay です。

10 私はタイ語を勉強します。 👩 ดิฉันจะเรียนภาษาไทยค่ะ

dichán ca rian phaasăa thay khâʔ

私（女）+（未来）+ 勉強する + タイ語 +丁寧語（女）

未来、予定、意思を表す助動詞 ca は動詞の前に置きます。文脈から未来のことと分かる場合には省略することもあります。

11 昨日、私は海に行きました。 🧑 เมื่อวานนี้ผมไปทะเลครับ

mûawaanníi phŏm pay thalee khráp

昨日 + 私（男）+ 行く+ 海 +丁寧語（男）

時制は、時を表す語（昨日、今日、明日…）や助動詞、文脈などで判断されます。語形は 一切変化しません。この文では「昨日」という単語から過去の文であると分かります。

12 もうおなかがすいた。 👩 หิวแล้วค่ะ

hĭw lɛ́ɛw khâʔ

空腹の + もう〜 +丁寧語（女）

完了を表す助動詞 lɛ́ɛw「もう〜、既に」は動詞（句）の後ろに置きます。

3. 否定文と疑問文

◀ CD 21 ▶

□ 097 名 จีน
ciin
中国
★c は息を抑える／n は舌先を上歯茎に

□ 098 名 อินเดีย
ʔin dia
インド
★n は舌先を上歯茎に

□ 099 名 ลาว
laaw
ラオス

□ 100 名 เวียดนาม
wîat naam
ベトナム
★t は舌先を上歯茎に／m は口を閉じる

・・

□ 101 名 ทุเรียน
thú rian
ドリアン （果物 ▶P.138）
★th は息を強く／u は口を突き出す／n は舌先を上歯茎に

□ 102 名 สับปะรด
sàp pa rót
パイナップル
★pa の p は息を抑える／t は舌先を上歯茎に

□ 103 名 แตงโม
tɛɛŋ moo
スイカ
★t は息を抑える／ŋ はングの感じで

□ 104 名 มะละกอ
ma la kɔɔ
パパイヤ
★k は息を抑える／ɔɔ はアの口でオー

□ 105 名 มะม่วง
ma mûaŋ　　マンゴー

★u は口を突き出す／ŋ はングの感じで

□ 106 名 ขนม
kha nǒm　　菓子

★kh は息を強く／m は口を閉じる

□ 107 名 ขนมปัง
kha nǒm paŋ　　パン

★p は息を抑える／ŋ はングの感じで

□ 108 名 ชาฝรั่ง
chaa fá ràŋ　　紅茶

★ch は息を強く／ŋ はングの感じで　　|メモ| chaa<茶>+fáràŋ<西洋の>

- -

□ 109 名 โค้ก
khóok　　コーラ

★kh は息を強く／k はクを言う感じで

□ 110 名 นม
nom　　牛乳

□ 111 名 ผักชี
phàk chii　　パクチー

★ph, ch は息を強く／k はクを言う感じで

□ 112 名 น้ำปลา
nám plaa　　ナンプラー

★m は口を閉じる／p は息を抑える　　|メモ| nám<水>+plaa<魚> 魚を発酵させて作るタイの魚醤

☐ 113 [名] ไก่
kày
鶏 (動物 ▶P.138)

★k は息を抑える

☐ 114 [名] ไข่
khày
卵

★kh は息を強く

☐ 115 [名][動] โทรศัพท์
thoo ra sàp
電話、電話する

★th は息を強く／p は口を閉じる

☐ 116 [動] กิน
kin
食べる、飲む（くだけた言い方）

★k は息を抑える／n は舌先を上歯茎に　[関連語] thaan 食べる、飲む（丁寧）

☐ 117 [動] ดื่ม
dɯɯm
飲む

★ɯɯ はイの口でウー／m は口を閉じる

☐ 118 [動] เที่ยว
thîaw
（移動して）遊ぶ、（観光する）

★th は息を強く　[関連語] lên （子どもが）遊ぶ、（スポーツ、楽器演奏を）する（=play）

☐ 119 [動] เล่นอินเตอร์เน็ต
lên ʔin təə nèt
インターネットをする

★n は舌先を上歯茎に／əə は半開きでウー　[メモ] lên ＜する＞+ʔintəənèt＜インターネット＞

☐ 120 [修] หอม
hɔ̌ɔm
香りの良い

★m は口を閉じる　[関連語] nám hɔ̌ɔm 香水

□ 121 修 เผ็ด
phèt
辛い

★ph は息を強く／t は舌先を上歯茎に

□ 122 修 หวาน
wǎan
甘い

★n は口を閉じずに舌先を上歯茎に

□ 123 修 ไม่ใช่
mây chây ～
～ではない

文法 「AはBではない」A mây chây B 名詞／代名詞を否定

□ 124 修 ไม่
mây ～
～ない、～しない

文法 mây+動詞／形容詞

・・・・・・・・・・・・・・・・・・・・・・・・・・・・・・・・

□ 125 修 ไหม
～ máy
～ですか？、～ますか？

文法 動詞／形容詞+máy

□ 126 修 หรือเปล่า
～ rɯ́ plàaw
～ですか？、どうですか？

★p は息を抑える

文法 文末に置く。「～かどうか」のニュアンスがある

□ 127 修 ใช่ไหม
～ chây máy
～でしょう？、～ですよね？

文法 文末に置く。自分がそうだと思っている事柄を確認するときに

□ 128 修 หรือ
～ rɯ̌ɯ
～なのですか？

文法 文末に置く。自分の得た情報を確認するときに

解説　単語　例文

1 私は中国人ではありません。 男 ผมไม่ใช่คนจีนครับ

phǒm mây chây khon ciin khráp

私（男）＋ 〜ではない ＋ 中国人 ＋丁寧語（男）

名詞は mây chây で否定します。「A は B ではありません」は A mây chây B（名詞）です。

2 それはドリアンではありません。 女 นั่นไม่ใช่ทุเรียนค่ะ

nân mây chây thúrian khâʔ

それ ＋ 〜ではない ＋ ドリアン ＋丁寧語（女）

3 この料理は辛くありません。 男 อาหารนี้ไม่เผ็ดครับ

ʔaahǎan níi mây phèt khráp

料理 ＋この＋ 〜ない ＋ 辛い＋丁寧語（男）

動詞/形容詞は mây で否定します。主語＋mây＋動詞/形容詞 の順です。

4 私はパクチーが好きではありません。 女 ดิฉันไม่ชอบผักชีค่ะ

dichán mây chɔ̂ɔp phàkchii khâʔ

私（女）＋〜ない＋好きである＋ パクチー ＋丁寧語（女）

5 私は英語を上手に話しません。 男 ผมพูดภาษาอังกฤษไม่เก่งครับ

phǒm phûut phaasǎa ʔaŋkrìt mây kèŋ khráp

私（男）＋ 話す ＋ 英語 ＋〜ない＋上手な＋丁寧語（男）

「英語を話す」＋「上手でない」の順に言います。日本語は「話す」を否定しますが、タイ語は副詞「上手な」を否定します。日本語から作文するときは注意が必要です。

6 おなかがすいていますか？ 女 หิวไหมคะ

hǐw máy kháʔ

空腹な ＋ 〜ますか？＋丁寧語（女）

動詞/形容詞が述語の文は、文末に máy を置いて疑問文「〜ですか？〜ますか？」になります。答えるときは動詞/形容詞を用いて、hǐw khráp/khâʔ（空腹です）／mây hǐw khráp/khâʔ（空腹でありません）で答えます。

7 あなたはパパイヤが好きですか？ 男 คุณชอบมะละกอไหมครับ

khun chɔ̂ɔp malakɔɔ máy　khráp

あなた + 好きである + パパイヤ　+ 〜ですか？ + 丁寧語（男）

答えるときは chɔ̂ɔp khráp/khâʔ（好きです）／mây chɔ̂ɔp khráp/khâʔ（好きではありません）で答えます。

8 これは辛いですか（それとも辛くないですか）？ 女 นี่เผ็ดหรือเปล่าคะ

nîi phèt　rɯ́ plàaw　kháʔ

これ + 辛い　+ 〜ですか（どうですか）？ + 丁寧語（女）

rɯ́ plàaw（英語で or not の意味）を文末に置くと、「〜ですか？そうではないですか？」のニュアンスの疑問文になります。動詞 / 形容詞が述語の疑問文には動詞 / 形容詞で答えます。

9 それは山田さんですか（違いますか）？ 男 นั่นคุณยามาดะหรือเปล่าครับ

nân khun yaamaadàʔ　rɯ́ plàaw　khráp

それ + 　山田 さん　 + 〜ですか（どうですか）？ + 丁寧語（男）

名詞が述語の疑問文には chây（そうです）／mây chây（違います）で答えます。

10 彼はタイ人ですか（違いますか）？ 女 เขาเป็นคนไทยหรือเปล่าคะ

kháw pen　khon thay　rɯ́ plàaw　kháʔ

彼 + である +　　タイ人　+ 〜ですか（どうですか）？ + 丁寧語（女）

11 おいしいでしょう？ 男 อร่อยใช่ไหมครับ

ʔarɔ̀y chây máy　khráp

おいしい + 〜でしょう？ + 丁寧語（男）

「〜ですね？〜でしょう？」は文末に chây máy を置きます。答えるときは chây（そうです）／mây chây（違います）、あるいは用いられている動詞 / 形容詞で答えます。

12 辛いのですか？ 女 เผ็ดหรือคะ

phèt rɯ̌ɯ　kháʔ

辛い　+ 〜なのですか？ + 丁寧語（女）

自分が得た情報を確認して「〜なのですか？」は文末に rɯ̌ɯ を置きます。rɯ̌ɯ 単独で「そうなんですか？」という相づちとしても使います。

4. 疑問詞

□ 129 อะไร
ʔa ray — 何？

□ 130 ที่ไหน
thîi nǎy — どこ？
★ th は息を強く

□ 131 ใคร
khray — 誰？
★ kh は息を強く

□ 132 อันไหน
ʔan nǎy — どれ？

□ 133 เมื่อไร
mɯ̂a rày — いつ？
★ ɯa はイの口からウーア

□ 134 เท่าไร
thâw rày — いくら、いくつ？
★ th は息を強く

□ 135 ทำไม
tham may — なぜ？
★ th は息を強く

□ 136 ยังไง
yaŋ ŋay — どのように？
★ ŋ はングの感じで

場面活用編

1. あいさつ(1) ― お名前は？ 24
2. あいさつ(2) ― いつタイへ来ましたか？ .... 25 ― 26
3. 移動する ― タクシーを呼んでください .... 27 ― 29
4. 食事する ― 注文をお願いします .... 31 ― 33
5. 買い物をする(1) ― お土産を買いたいです .... 34 ― 36
6. 買い物をする(2) ― 値引きしてもらえますか？ .... 37 ― 38
7. レジャー・観光を楽しむ ― 映画を見に行きましょう .... 39 ― 40
8. 宿泊する ― 1晩いくらですか？ 41
9. 働く(1) ― アポイントメントを取りたいのですが ... 42 ― 43
10. 働く(2) ― 会議は午後2時です .... 44 ― 45
11. 暮らす ― 部屋を掃除してください .... 46 ― 47
12. トラブル・病気 ― パスポートがなくなりました .... 48 ― 49

※白抜き数字は、CDのトラック番号です

1. あいさつ（1）――お名前は？

□ 137 [名] ชื่อ
chûɯ　　名前
★ ɯ はイの口でウー

文法 「～は、名前は…です」 主語+chûɯ+人名

□ 138 [名] ชื่อเล่น
chûɯ lên　　ニックネーム
★ n は口を閉じずに舌先を上歯茎に

メモ chûɯ＜名前＞+lên＜遊ぶ＞ タイ人は親しい間柄ではニックネームで呼び合うことが多い。名前の短縮形、動物や果物の名前、自然、その人の特徴などがニックネームに使われる

□ 139 [名] โตเกียว
too kiaw　　東京
★ t、k は息を抑える

□ 140 [名] งาน
ŋaan　　仕事
★ ŋ はングの感じで／n は舌先を上歯茎に

□ 141 [名] บริษัท
bɔɔ ri sàt　　会社
★ t は舌先を上歯茎に

□ 142 [名] พนักงานบริษัท
pha nák ŋaan bɔɔ ri sàt　会社員 （職業 ▶P.133）
★ ph は息を強く／ŋ はングの感じで

メモ phanákŋaan＜従業員＞ + bɔɔrisàt＜会社＞

□ 143 [名] ฟุตบอล
fút bɔɔn　　サッカー （スポーツ ▶P.141）
★ f は下唇をかむ／t、n は舌先を上歯茎に

メモ ＜[英]football＞
関連語 lên fútbɔɔn サッカーをする

□ 144 [名] เพื่อน
phûɯan　　友人
★ ph は息を強く／ɯa はイの口からウーア／n は舌先を上歯茎に

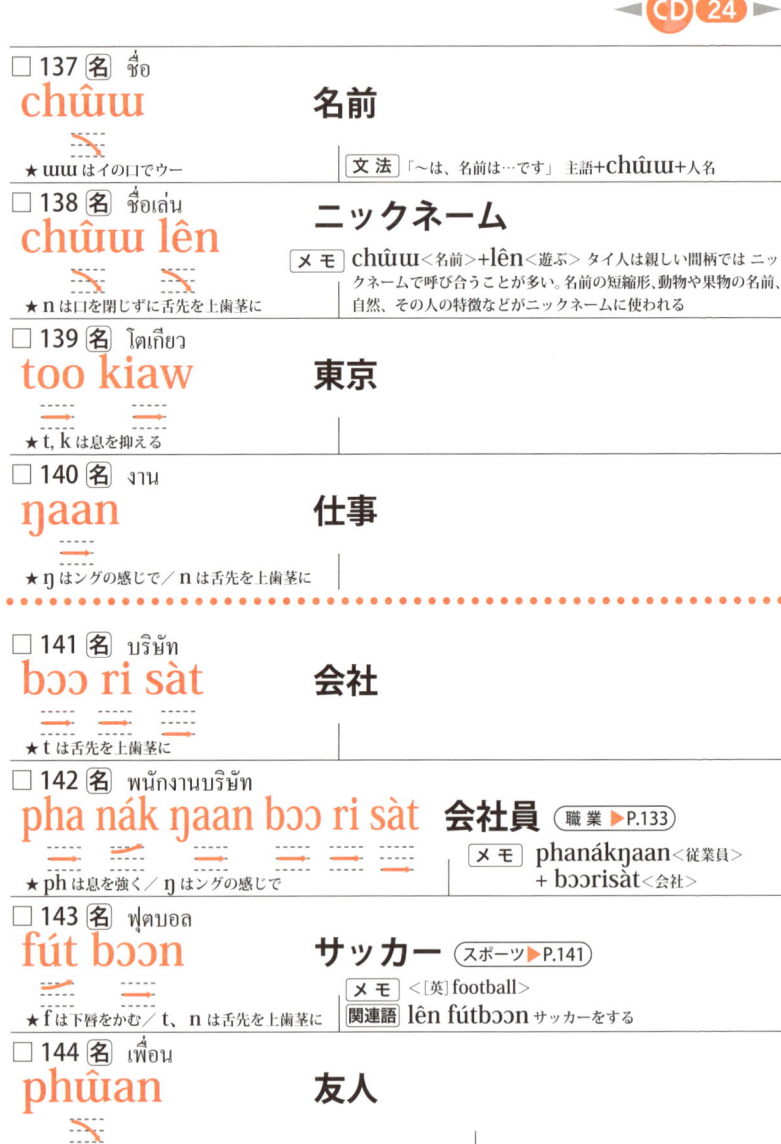

□ 145 [名] อายุ
ʔaa yúʔ
年齢

[メモ] 年功序列を重んじるタイでは互いの立場関係を確認するために年齢を聞くことがよくある

□ 146 [名] ปี
pii
年、〜歳

★p は息を抑える

[メモ] 12歳までの子どもには khùap（〜歳）も用いられる

□ 147 [名] ซุปเปอร์
súp pɜ̂ɜ
スーパー (場所 ▶P.139)

★p は息を抑える／ɜɜ は半開きでウー

[メモ] ＜[英] super(market)＞

□ 148 [動] ทำ
tham
する、作る (動詞 ▶P.129)

★th は息を強く／m は口を閉じる

□ 149 [動] ทำงาน
tham ŋaan
仕事をする（働く）

[メモ] tham＜する＞＋ŋaan＜仕事＞

□ 150 [動] เล่น
lên
（スポーツ、楽器演奏を）する、遊ぶ

[メモ] 英語の play に相当
[関連語] khɔ̌ɔŋ lên おもちゃ

★n は口を閉じずに舌先を上歯茎に

□ 151 [修] ไหน
nǎy
どこ

[メモ] thîinǎy（どこ）の短縮形

□ 152 [前] จาก
càak 〜
〜から

★c は息を抑える／k はクを言う感じで

[文法] càak＋場所　位置を表す

1 私は、名前はタニットです。 男 ผมชื่อธนิตครับ

phǒm chɯ̂ɯ thanít khráp

私（男）＋　名前　＋　タニット＋丁寧語（男）

「〜は、名前は…です」は 主語＋ chɯ̂ɯ ＋人名 の語順です。

2 あなたの名前は何ですか？ 女 คุณชื่ออะไรคะ

khun chɯ̂ɯ aray khá?

あなた　＋　名前　＋　何　＋丁寧語（女）

名前を尋ねるときも文の語順は変わりません。主語を「あなた」、人名を「何」に置き換えるだけです。
日本語同様、聞きたい事柄の位置に疑問詞（何、どこ、いつ等）を置きます。

3 ニックネームは何ですか？ 男 ชื่อเล่นชื่ออะไรครับ

chɯ̂ɯ lên chɯ̂ɯ ʔaray khráp

ニックネーム　＋　名前　＋　何　＋丁寧語（男）

4 東京から来ました。 女 มาจากโตเกียวค่ะ

maa càak tookiaw khâ?

来る＋〜から＋　東京　＋丁寧語（女）

「〜から来ました」は maa càak ＋場所 です。

5 何の仕事をしていますか？ 男 ทำงานอะไรครับ

tham ŋaan ʔaray khráp

仕事をする　＋　何　＋丁寧語（男）

6 何をするのが好きですか？ 女 ชอบทำอะไรคะ

chɔ̂ɔp tham ʔaray khá?

好きである＋　する　＋　何　＋丁寧語（女）

「〜することが好きです」は chɔ̂ɔp（好きである）のすぐ後ろに動詞を続けます。

7 サッカーをするのが好きです。 [男] ชอบเล่นฟุตบอลครับ

chɔ̂ɔp lên fútbɔɔn khráp

好きである + する + サッカー + 丁寧語（男）

---

8 こちらは私の友人です。 [女] นี่เพื่อนดิฉันค่ะ

nîi phɯ̂an dichán khâʔ

これ + 友人 + 私（女）+ 丁寧語（女）

タイ語は後ろから前の語を修飾するので、「私の友人」は「友人」+「私」の順に言います。

---

9 年齢はいくつですか？ [男] อายุเท่าไรครับ

ʔaayúʔ thâwràay khráp

年齢 + いくつ + 丁寧語（男）

年齢を尋ねるときは、主語 +ʔaayúʔ（年齢）+ thâwràay（いくつ）です。

---

10 年齢は22歳です。 [女] อายุ 22 ปีค่ะ

ʔaayúʔ yîi sìp sɔ̌ɔŋ pii khâʔ

年齢 + 22 + 歳 + 丁寧語（女）

年齢を言うときは、主語 + ʔaayúʔ（年齢）+ 数詞 + pii（歳）

---

11 どこに行きますか？ [男] จะไปไหนครับ

ca pay nǎy khráp

（未来）+ 行く + どこ + 丁寧語（男）

「～に行く」は pay + 場所でしたが、「どこに行きますか？」は場所を thîinǎy（どこ）に置き換えます。「どこに行きますか？」の文では thîinǎy を nǎy と略して言うことが多いです。

---

12 スーパーに行きます。 [女] จะไปซุปเปอร์ค่ะ

ca pay súppɛ̂ə khâʔ

（未来）+ 行く + スーパー + 丁寧語（女）

2. あいさつ（2）——いつタイへ来ましたか？

□ 153 名 พ่อ
phɔ̂ɔ   父   (家族・親戚 ▶P.133)
★ph は息を強く／ɔɔ はアの口でオー　　メモ 丁寧に言うときは khun phɔ̂ɔ

□ 154 名 แม่
mɛ̂ɛ   母
★ɛɛ はアの口でエー
メモ 丁寧に言うときは khun mɛ̂ɛ
関連語 (khun)phɔ̂ɔ (khun)mɛ̂ɛ 両親

□ 155 名 ลูก
lûuk   子ども
★uu は口を突き出して／k はクを言う感じで

□ 156 名 ลูกชาย
lûuk chaay   息子
メモ lûuk＜子ども＞+chaay＜男＞

□ 157 名 ลูกสาว
lûuk sǎaw   娘
メモ lûuk＜子ども＞+sǎaw＜若い女＞

□ 158 名 พี่
phîi   兄・姉
★ph は息を強く
メモ 自分の兄・姉や、年上の人を phîi と呼ぶ
関連語 phîi chaay 兄、phîi sǎaw 姉

□ 159 名 น้อง
nɔ́ɔŋ   弟・妹
★ɔɔ はアの口でオー／ŋ はングの感じで
メモ 自分の弟・妹や年下の人を nɔ́ɔŋ と呼ぶ
関連語 nɔ́ɔŋ chaay 弟、nɔ́ɔŋ sǎaw 妹

□ 160 名 พี่น้อง
phîi nɔ́ɔŋ   兄弟姉妹

□ 161 名 สามี
sǎa mii 夫

□ 162 名 ภรรยา
phan ra yaa 妻

★ph は息を強く

関連語 sǎamii phanrayaa 夫婦

□ 163 名 แฟน
fɛɛn 恋人

★f は下唇を軽くかむ／n は舌先を上歯茎に | メモ 夫、妻のくだけた言い方でもある

□ 164 名 แม่บ้าน
mɛ̂ɛ bâan 主婦、家政婦

★ɛɛ はアの口でエー／n は舌先を上歯茎に | メモ mɛ̂ɛ <母>+bâan<家>

□ 165 名 ตำรวจ
tam rùat 警察官、警察

★m は口を閉じる／末子音 t は舌先を上歯茎に

□ 166 名 อาจารย์
ʔaa caan 先生

メモ 中学校以上の先生を呼ぶのによく用いられる。教師を総称する khruu は小学校以下でよく用いられ、教師が一人称「私」として使うことが多い

★n は口を閉じずに舌先を上歯茎に

□ 167 名 นักเรียน
nák rian 生徒

メモ nák<~する人>+rian<勉強する>
関連語 náksùksǎa 大学生

★n は口を閉じずに舌先を上歯茎に

□ 168 名 สิงหาคม
sǐŋ hǎa (khom) 8月 年月日 ▶P.144

★ŋ はングの感じで

□ 169 名 วันจันทร์
wan can 月曜日
★ n は舌先を上歯茎に／c は息を抑える

□ 170 名 วันอังคาร
wan ʔaŋ khaan 火曜日
★ n は舌先を上歯茎に／ŋ はングの感じで

□ 171 名 วันพุธ
wan phút 水曜日
★ ph は息を強く／u は口を突き出す／t は舌先を上歯茎に

□ 172 名 วันพฤหัส
wan pha rɯ́ hàt 木曜日
★ ph は息を強く／t は舌先を上歯茎に

□ 173 名 วันศุกร์
wan sùk 金曜日
★ u は口を突き出す／k はクを言う感じで

□ 174 名 วันเสาร์
wan sǎw 土曜日

□ 175 名 วันอาทิตย์
wan ʔaa thít 日曜日
★ th は息を強く／t は舌先を上歯茎に

□ 176 名 วันที่
wan thîi ～ ～日、日付
★ n は舌先を上歯茎に／th は息を強く

文法 wan<日>+thîi<第～番目の>+数詞

□ 177 動 มี

mii

持っている

文法 主語+mii+所有するもの

□ 178 動 แต่งงาน

tèŋ ŋaan

結婚する

★ŋ はングの感じで

関連語 ŋaan tèŋŋaan 結婚式

□ 179 修 เป็นโสด

pen sòot

独身である

★p は息を抑える／t は舌先を上歯茎に

関連語 mii khrɔ̂ɔpkhrua 所帯を持っている

□ 180 修 กี่

kìi ～

いくつの～？

★k は息を抑える

文法 「いくつの～？ 何～？」kìi+類別詞

□ 181 類 คน

～ khon

～人 類別詞 ▶P.153

★kh は息を強く／n は舌先を上歯茎に

□ 182 กี่คน

kìi khon

何人？

メモ kìi<いくつの>+khon<～人>

□ 183 วันอะไร

wan ʔaray

何曜日？

メモ 別訳 (祝日の)何の日？

□ 184 วันที่เท่าไร

wan thîi thâwrày

何日？

メモ wan<日>+thîi<第～番目の>+thâwrày<いくつ> 日付を尋ねるのに用いる

1 私はもう結婚しています。 男 ผมแต่งงานแล้วครับ

phǒm tèŋŋaan lɛ́ɛw khráp

私（男）+ 結婚する + もう〜 + 丁寧語（男）

---

2 私は子どもが2人います。 女 ดิฉันมีลูกสองคนค่ะ

dichán mii lûuk sɔ̌ɔŋ khon khâ?

私（女）+ 持っている + 子ども + 2 + 〜人 + 丁寧語（女）

mii は存在を表して「〜がある、いる」のほかに、所有を表して「〜は…を持っている」と言うときにも用います。主語 + mii + 所有しているもの の順にします。

3 恋人はいません。 男 ไม่มีแฟนครับ

mây mii fɛɛn khráp

〜ない + 持っている + 恋人 + 丁寧語（男）

---

4 タイ人の友達はいますか？ 女 มีเพื่อนคนไทยไหมคะ

mii phɯ̂an khon thay máy khá?

持っている + 友達 + タイ人 + 〜ますか？ + 丁寧語（女）

答えるときは、mii khráp/khá?（います）／mây mii khráp/khá?（いません）で答えます。

5 兄弟は何人いますか？ 男 มีพี่น้องกี่คนครับ

mii phîi nɔ́ɔŋ kìi khon khráp

持っている + 兄弟姉妹 + 何人 + 丁寧語（男）

ものの数を尋ねるときは、kìi（いくつの）+ 類別詞（〜人、〜個、〜匹など）で言います。

6 （兄弟は自分を含めて）3人います。 女 มีสามคนค่ะ

mii sǎam khon khâ?

持っている + 3 + 〜人 + 丁寧語（女）

ものの数を言う場合は 数詞 + 類別詞 にします。

7 いつタイ国に来ましたか？ 男 มาเมืองไทยเมื่อไรครับ

maa mɯaŋ thay mûaràу khráp

来る ＋ タイ国 ＋ いつ ＋ 丁寧語（男）

時を表す語は基本的に動詞（句）の後ろに置き、疑問詞「いつ？」も同じ位置に置きます。

---

8 私たちは昨日バンコクに来ました。 女 เรามากรุงเทพฯเมื่อวานนี้ค่ะ

raw maa kruŋthêep mûawaanníi khâʔ

私たち ＋ 来る ＋ バンコク ＋ 昨日 ＋ 丁寧語（女）

「〜に来る」は maa ＋ 場所 です。

---

9 仕事をしに来ました。 男 มาทำงานครับ

maa tham ŋaan khráp

来る ＋ 仕事をする ＋ 丁寧語（男）

「〜しに行く」「〜しに来る」は動作の順番通りに動詞を連続させてそれぞれ、pay ＋ 動詞、maa ＋ 動詞 で言います。

---

10 何日に日本に帰りますか？ 女 จะกลับญี่ปุ่นวันที่เท่าไรคะ

ca klàp yîipùn wan thîi thâwràу khá?

（未来）＋ 帰る ＋ 日本 ＋ 何日（日付）＋ 丁寧語（女）

日付「〜日」は wan thîi ＋ 数詞 で言います。（例 wan thîi sìp hâa 15 日）
「何日ですか？」と日付を尋ねる場合は wan thîi thâwràу で聞きます。

---

11 8月10日に帰ります。 男 จะกลับวันที่สิบสิงหาครับ

ca klàp wan thîi sìp sǐŋhǎa khráp

（未来）＋ 帰る ＋ 〜日（日付）＋ 10 ＋ 8月 ＋ 丁寧語（男）

年月日は日、月、年の順に言います。
（例 wan thîi sìp, sǐŋhǎa, sɔ̌ɔŋ phan sìp sìi 2014 年 8 月 10 日）

---

12 土曜日に帰ります。 女 จะกลับวันเสาร์ค่ะ

ca klàp wan sǎw khâʔ

（未来）＋ 帰る ＋ 土曜日 ＋ 丁寧語（女）

「何曜日ですか？」は wan ʔaray で尋ねます。

3. 移動する——タクシーを呼んでください

◀ CD 27 ▶

□ 185 名 เครื่องบิน
khrûaŋ bin　　飛行機

★ ɯ はイの口でウ／ŋ はングを言う感じで　｜メモ｜ khrûaŋ <機械>+bin<飛ぶ>

□ 186 名 รถแท็กซี่
rót thɛ́k sîi　　タクシー

★ o は口を突き出す／th は息を強く／k はクと言う感じで　｜メモ｜ rót<車>+thɛ́ksîi <[英]taxi>

□ 187 名 รถไฟฟ้า
rót fay fáa　　電車

★ f は下唇をかむ
｜メモ｜ rót<車>+fayfáa<電気>、ディーゼル列車はrót fay
｜関連語｜ rót fayfáa bii thii ʔées　BTS スカイトレイン

□ 188 名 รถไฟฟ้าใต้ดิน
rót fay (fáa) tâay din　地下鉄

★ tâay の t は息を抑える／n は舌先を上歯茎に　｜メモ｜ rót fayfáa <電車>+tâay din<地下>

□ 189 名 รถเมล์
rót mee　　路線バス

□ 190 名 รถทัวร์
rót thua　　長距離バス、（ツアーバス）

★ th は息を強く／u は口を突き出す　｜メモ｜ rót<車>+thua<[英]tour>

□ 191 名 รถตุ๊กๆ
rót túk túk　　三輪タクシー、（トゥクトゥク）

★ túk の t は息を抑える／k はクという感じで

□ 192 名 รถสองแถว
rót sɔ̌ɔŋ thɛ̌w　　乗合タクシー

★ ɔɔ はアの口でオー／ɛ はアの口でエ　｜メモ｜ rót<車>+sɔ̌ɔŋ<2>+thɛ̌w <列>

□ 193 名 เรือ

rwa 船

★ wa はイの口からウーア

メモ thâa rwa 船着場

□ 194 名 สนามบิน

sa năam bin 空港

★ m は口を閉じる／n は舌先を上歯茎に

メモ sanăam<場>+bin<飛ぶ>
関連語 sanăam bin suwannaphuum スワンナプーム空港

□ 195 名 สถานี

sa thăa nii 駅

★ th は息を強く

□ 196 名 สถานีสยาม

sa thăa nii sa yăam サイアム駅

★ m は口を閉じる

メモ sathăanii<station>+sayăam <サイアム>

□ 197 名 ตั๋ว

tŭa 切符、チケット

★ t は息を抑える／u は口を突き出す

関連語 khrŵaŋ khăay tŭa 券売機

□ 198 名 ป้ายรถเมล์

pâay rót mee バス停

★ p は息を抑える

メモ pâay<看板>+rótmee<路線バス>

□ 199 名 ถนนสุขุมวิท

tha nŏn su khŭm wít スクムヴィット通り

★ n は舌先を上歯茎に／m は口を閉じる

メモ thanŏn <通り>+sukhŭmwít <スクムヴィット> バンコク都内の通り名。日本人が多く住む

□ 200 名 ซอย

sɔɔy ソイ、路地

★ ɔɔ はアの口でオー

201 名 ทางด่วน
thaaŋ dùan 高速道路

★ ŋはングの感じで／uは口を突き出す | メモ thaaŋ<道>+dùan<エクスプレス>

202 名 เชียงใหม่
chiaŋ mày チェンマイ (タイ国内の地名 ▶P.139)

★ ŋはングの感じで | メモ 北部地方にあるタイ第2の都市

203 名 ภูเก็ต
phuu kèt プーケット

★ kは息を抑える／tは舌先を上歯茎に | メモ 南部地方にある県名

204 名 ที่นี่
thîi nîi ここ (指示詞 ▶P.147)

★ thは息を強く | 関連語 thîinân そこ／thîinôon あそこ

205 名 เงินทอน
ŋən thɔɔn お釣り

★ ɔɔはアの口でオー／nは舌先を上歯茎に | メモ ŋən<お金>+thɔɔn<釣りを出す>

206 名 โมง
～ mooŋ ～時

★ ooは口を突き出す／ŋはングの感じで

207 名 นาที
～ naa thii ～分

★ thは息を強く | 文法 数詞+naathii
関連語 wínaathii 秒

208 名 ครึ่ง
khrɯ̂ŋ 半、半分

★ ɯはイの口でウ／ŋはングの感じで

□ 209 [名] ชั่วโมง
～ chûa mooŋ ～時間

★u は口を突き出す／ŋ はングの感じで | [文法] 数詞+chûamooŋ 時間の長さを表す(英語のhourに相当)

□ 210 [名] เวลา
wee laa 時間

★ee はイの口でエー | [メモ] 時間という概念を表す(英語のtimeに相当)

□ 211 [動] รู้จัก
rúu càk 知っている

★ɯɯ は口を突き出す／c は息を抑える | [メモ] 人、物、場所を知っている

□ 212 [動] เดิน
dəən 歩く

★əə は半開きでウー／n は舌先を上歯茎に | [関連語] wîŋ 走る

□ 213 [動] ขึ้น
khɯ̂n 乗る、上がる

★ɯ はイの口でウ／n は舌先を上歯茎に

□ 214 [動] ลง
loŋ 降りる、下がる

★o は口を突き出す／ŋ はングの感じで

□ 215 [動] จอด
cɔ̀ɔt （車を）止める

★ɔɔ はアの口でオー／t は舌先を上の歯茎に | [関連語] thîi cɔ̀ɔt rót 駐車場

□ 216 [動] ออก
ʔɔ̀ɔk 出る、出発する

★ɔɔ はアの口でオー／k はクを言う感じで | [関連語] khâw 入る

□ 217 動 ใช้
cháy
使う、(時間が) かかる

★ ch は息を強く

□ 218 動 ต่อรถ
tɔ̀ɔ rót
乗り換える

★ 頭子音 t は息を抑える／o は口を突き出す　メモ　tɔ̀ɔ <つなぐ>+rót<車>

□ 219 修 ประมาณ
pra maan ～
約～

★ p は息を抑える／n は舌先を上歯茎に　文法　pramaan+数詞+類別詞

□ 220 修 ไหน
～ nǎy
どの～

文法　名詞＋(類別詞)＋nǎy の語順

□ 221 前 ที่
thîi ～
～で、～に

★ th は息を強く　文法　場所を表す前置詞(英語のat, inに相当) thîi+場所

□ 222 กี่โมง
kìi mooŋ
何時？

★ k は息を抑える／kìi の声調は mooŋ より低い　メモ　kìi<いくつの>+mooŋ <～時>

□ 223 กี่ชั่วโมง
kìi chûa mooŋ
何時間？

★ k は息を抑える　メモ　kìi<いくつの>+chûamooŋ <～時間>

□ 224 ช่วย...หน่อย
chûay ～ nɔ̀y
～してください

メモ　軽い依頼。同等以下の人に対して用いる。丁寧に言う場合は、chûay ～ nɔ̀y dâay máy (～していただけますか？)

時間の言い方

午前1時	tii nùɯŋ	午後1時	bàay mooŋ
午前2時	tii sɔ̌ɔŋ	午後2時	bàay sɔ̌ɔŋ mooŋ
午前3時	tii sǎam	午後3時	bàay sǎam mooŋ
午前4時	tii sìi	午後4時	sìi mooŋ (yen)
午前5時	tii hâa	午後5時	hâa mooŋ (yen)
午前6時	hòk mooŋ (cháaw)	午後6時	hòk mooŋ (yen)
午前7時	cèt mooŋ (cháaw)	午後7時	nùɯŋ thûm
午前8時	pɛ̀ɛt mooŋ (cháaw)	午後8時	sɔ̌ɔŋ thûm
午前9時	kâaw mooŋ (cháaw)	午後9時	sǎam thûm
午前10時	sìp mooŋ (cháaw)	午後10時	sìi thûm
午前11時	sìp ʔèt mooŋ (cháaw)	午後11時	hâa thûm
正午	thîaŋ	午前0時	thîaŋ khɯɯn

- 午前1時から午前5時までは "tii + 数詞"
- 午前6時から午前11時までは "数詞 + mooŋ (cháaw)" (cháaw=朝)
- 午後1時から午後3時までは、"bàay + 数詞 + mooŋ" (bàay=午後)
  (1は省略して言うことが多い)
- 午後4時から午後6時までは "数詞 + mooŋ (yen)" (yen=夕方)
- 午後7時から午後11時までは "数詞 + thûm"
  7時から1 thûm とカウントする。(6を足し引きして変換するとよい)
- 正午は thîaŋ、午前0時はそれに khɯɯn「夜」を付けて thîaŋ khɯɯn
  ＊表中(　)内は省略可能。

◎「～分」は 数詞 + naathii、「半」は khrɯ̂ŋ
　時刻に「～分」や「～半」を付けるときは cháaw と yen は使わない。
　例) 午前10時10分　sìp mooŋ sìp naathii
　　 午後5時半　　 hâa mooŋ khrɯ̂ŋ
◎「何時?」は kìi mooŋ
　例) kìi mooŋ lɛ́ɛw （もう何時になりましたか?）
　　 ca pay bɔɔrisàt kìi mooŋ （何時に会社に行きますか?）
　夜の時間帯と分かっている場合には kìi thûm を用いることもある。
　例) mɯ̂awaanníi klàp bâan kìi thûm
　　 （昨日は何時に家に帰りましたか?）

1 タクシーを呼んでください。 男 ช่วยเรียกแท็กซี่หน่อยครับ

<u>chûay</u>　rîak théksîi nɔ̀y khráp

〜してください + 呼ぶ + タクシー　　+ 丁寧語（男）

「〜してください」は chûay + 動詞（句）+ nɔ̀y です。chûay は「手伝う」、nɔ̀y は「ちょっと」の意味で「ちょっと〜して」と軽く依頼したり、同等以下の人に対して用います。chûay + 動詞（句）+ dûay と言うこともあります。

2 どうやって行きますか？ 女　ไปยังไงคะ

pay　yaŋŋay　khá?

行く + 　どのように　+ 丁寧語（女）

「どのように〜」は 動詞（句）+ yaŋŋay です。

3 電車で行きます。 男　ไปรถไฟฟ้าครับ

pay rót fayfáa khráp

行く + 　　　電車　　+ 丁寧語（男）

「〜で行く」と交通手段を言うときは pay + 乗り物名 で言います。
nâŋ（座る、乗る）を使って、nâŋ + 乗り物名 + pay「〜に乗って行く」とも言えます。

4 どの駅で乗り換えますか？ 女　ต่อรถที่สถานีไหนคะ

tɔ̀ɔ rót thîi sathǎanii nǎy khá?

乗り換える + 〜で + 　　駅　　 + どの + 丁寧語（女）

「〜で」と場所を表すには、thîi（〜で、〜に）+ 場所 の順に言います。
「どの〜？」は 名詞 + nǎy です。

5 （行き先を運転手に見せながら）ここを知っていますか？ 男　รู้จักที่นี่ไหมครับ

rúucàk thîinîi máy khráp

知っている + 　 ここ + ますか？+ 丁寧語（男）

6 スクムヴィット通りソイ55に行ってください。 女　ไปถนนสุขุมวิทซอยห้าสิบห้าค่ะ

pay thanǒn sukhǔmwít sɔɔy hâa sìp hâa khâ?

行く + 　　スクムヴィット通り　　 + ソイ + 　55　+ 丁寧語（女）

運転手に「〜に行ってください」は pay + 場所 で言います。動詞をそのまま使って簡単な依頼、命令表現になります。

7 (タクシー運転手が乗客に) 高速道路に乗りますか？ 男 ขึ้นทางด่วนไหมครับ

khûn thaaŋdùan máy khráp

乗る ＋ 高速道路 ＋ 〜ますか？ ＋ 丁寧語（男）

---

8 (タクシー運転手に) ここで停めてください。 女 จอดที่นี่ค่ะ

cɔ̀ɔt thîinîi khâʔ

停める ＋ ここ ＋ 丁寧語（女）

---

9 飛行機は何時に出ますか？ 男 เครื่องบินออกกี่โมงครับ

khrŵaŋbin ʔɔ̀ɔk kìi mooŋ khráp

飛行機 ＋ 出る ＋ 何時 ＋ 丁寧語（男）

「何時に〜しますか？」は 主語＋動詞（句）＋kìi mooŋ です。

---

10 何時間かかりますか？ 女 ใช้เวลากี่ชั่วโมงคะ

cháy weelaa kìi chûamooŋ kháʔ

かかる ＋ 時間 ＋ 何時間 ＋ 丁寧語（女）

時間の長さ「〜時間」は 数詞＋chûamooŋ（時間）で言います。
「何時間ですか？」と尋ねるときは、数詞を kìi に置き換えて、kìi chûamooŋ にします。

---

11 約2時間半かかります。 男 ใช้เวลาประมาณสองชั่วโมงครึ่งครับ

cháy weelaa pramaan sɔ̌ɔŋ chûamooŋ khrŵŋ khráp

かかる ＋ 時間 ＋ 約 ＋ 2 ＋ 〜時間 ＋ 半 ＋ 丁寧語（男）

---

12 チェンマイに行って来ました。 女 ไปเชียงใหม่มาค่ะ

pay chiaŋmày maa khâʔ

行く ＋ チェンマイ ＋ 来る ＋ 丁寧語（女）

「〜に行って来ました」は pay＋場所＋maa です。動作の順番に動詞を連続させます。

4. 食事する —— 注文をお願いします

□ 225 名 ร้านริมถนน
ráan rim tha nǒn 屋台
★n は舌先を上歯茎に／m は口を閉じる
メモ ráan<店>+rim<端>+thanǒn<通り>

□ 226 名 ศูนย์อาหาร
sǔun ʔaa hǎan フードコート
★n は口を閉じずに舌先を上歯茎に
メモ sǔun<センター>+ʔaahǎan<料理>

□ 227 名 บุฟเฟ่ต์
búf fêe ビュッフェ (食事 ▶P.134)
★f は下唇を軽くかむ
メモ <〔英〕buffet>

□ 228 名 ร้านเหล้า
ráan lâw 居酒屋、飲み屋
★n は口を閉じずに舌先を上歯茎に
メモ ráan<店>+lâw<酒>

□ 229 名 ร้านกาแฟ
ráan kaafɛɛ カフェ、喫茶店
★f は下唇を軽くかむ。ɛɛ はアの口でエー
メモ ráan<店>+kaafɛɛ<コーヒー>

□ 230 名 อาหารเช้า
ʔaa hǎan cháaw 朝食
★n は舌先を上歯茎に
メモ ʔaahǎan<料理>+cháaw<朝>
関連語 ʔaahǎan thîaŋ 昼食／ʔaahǎan yen 夕食

□ 231 名 บะหมี่
ba mìi バミー、中華麺 (タイ料理 ▶P.135)
メモ 黄色い玉子麺。
関連語 kǔaytǐaw クイティアウ（米粉から作る白い麺）

□ 232 名 ข้าวมันไก่
khâaw man kày カオマンガイ
★kh は息を強く／n は舌先を上歯茎に／k は息を抑える
メモ khâaw<ご飯>+man<脂>+kày<鶏>
鶏の炊き込みご飯

□ 233 名 ข้าวผัดกะเพราไก่

khâaw phàt ka phraw kày

★ kh, ph は息を強く／t は舌先を上歯茎に

鶏バジル炒めご飯

[メモ] khâaw＜ご飯＞+phàt＜炒める＞+kaphraw＜バジル＞+kày＜鶏＞

□ 234 名 แกงเขียวหวาน

kɛɛŋ khǐaw wǎan グリーンカレー

★ ŋ はングの感じで／n は舌先を上歯茎に

[メモ] kɛɛŋ＜カレー＞+khǐaw＜緑＞+wǎan＜甘い＞

□ 235 名 ต้มยำกุ้ง

tôm yam kûŋ トムヤムクン

★ m は口を閉じる／u は口を突き出して／ŋ はングの感じで

[メモ] tôm＜煮る＞+yam＜和える＞+kûŋ＜エビ＞

□ 236 名 สุกี้ไทย

su kîi thay タイスキ

★ k は息を抑える／th は息を強く

[メモ] タイ式しゃぶしゃぶ

□ 237 名 พิซซ่า

phít sâa ピザ

★ ph は息を強く

[メモ] ＜[英]pizza＞

□ 238 名 แฮมเบอร์เกอร์

hɛm bəə kə̂ə ハンバーガー

★ ɛ はアの口でエ／əə は半開きでウー／k は息を抑える

[メモ] ＜[英]hamburger＞

□ 239 名 ไข่ดาว

khày daaw 目玉焼き

★ kh は息を強く

[メモ] khày＜卵＞+daaw＜星＞
[関連語] khày tôm ゆで卵／khày ciaw (タイの)卵焼き

□ 240 名 ของหวาน

khɔ̌ɔŋ wǎan デザート (デザート・菓子 ▶P.136)

★ ŋ はングの感じで／n は舌先を上歯茎に

[メモ] khɔ̌ɔŋ＜物＞+wǎan＜甘い＞

解説 単語 例文

□ 241 名 ขนมเค้ก
kha nŏm khéek　ケーキ
★mは口を閉じる／kはクと言う感じで　｜メモ｜ khanǒm＜菓子＞＋khéek＜〔英〕cake＞

□ 242 名 ไอศกรีม
ʔay sa khriim　アイスクリーム
★mは口を閉じる　｜メモ｜ ＜〔英〕ice cream＞

□ 243 名 น้ำแข็ง
nám khěŋ　氷
★mは口を閉じる／khは息を強く／ŋはングの感じで　｜メモ｜ nám＜水＞＋khěŋ＜固い＞

□ 244 名 ผ้าเย็น
phâa yen　おしぼり
★phは息を強く／nは舌先を上歯茎に　｜メモ｜ phâa＜布＞＋yen＜冷たい＞

□ 245 名 กระดาษทิชชู่
kra dàat thít chûu　ティッシュ（紙ナプキン）
★kは息を抑える／tは舌先を上歯茎に　｜メモ｜ kradàat＜紙＞＋thítchûu＜〔英〕tissue＞

□ 246 名 ช้อน
chɔ́ɔn　スプーン
★chは息を強く／nは舌先を上歯茎に

□ 247 名 ส้อม
sɔ̂m　フォーク
★mは口を閉じる

□ 248 名 ตะเกียบ
ta kìap　箸
★tは息を抑える／pは口を閉じる

□ 249 名 พริก

phrík

★ph は息を強く／k はクと言う感じで

唐辛子 　調理法・調味料 ▶P.134

関連語 phrík khîi nǔu ＜唐辛子+鼠+糞＞はタイで一番辛いといわれる小粒の唐辛子

□ 250 名 เครดิตการ์ด

khree dìt káat　クレジットカード

★kh は息を強く／t は舌先を上歯茎に

メモ ＜〔英〕credit card＞

□ 251 名 ใบเสร็จ

bay sèt　領収書

★t は舌先を上歯茎に

□ 252 代 อะไร

ʔa ray　何、何か

□ 253 動 ชิม

chim　味見する　味 ▶P.134

★m は口を閉じる

□ 254 動 สั่ง

sàŋ　注文する、命令する

★ŋ はングの感じで

□ 255 動 ขอ

khɔ̌ɔ ～　～させてください

★kh は息を強く

文法 「(自分に) ～させてください」khɔ̌ɔ +動詞 nɔ̀y (ちょっと)を文末に付加するときもある

□ 256 動 ใส่

sày　入れる、着る

257 [動] เซ็นชื่อ
sen chɯ̂ɯ サインする
★n は上歯茎に／ɯɯ はイの口でウー　｜メモ｜ sen＜サインする＞＋chɯ̂ɯ＜名前＞

258 [動] เอากลับบ้าน
ʔaw klàp bâan 持って帰る
★k は息を抑える／n は舌先を上歯茎に　｜メモ｜ ʔaw＜持つ＞＋klàp＜帰る＞＋bâan＜家＞

259 [修] เยอะ
yə́ʔ いっぱい
★ə は半開きでウ

260 [修] น่าทาน
nâa thaan おいしそう
★th は息を強く／n は口を閉じずに舌先を上歯茎に

261 [修] อิ่ม
ʔìm おなかいっぱい
★m は口を閉じる　｜関連語｜ hǐw おながかがすいた、空腹の

262 [修] ยัง
yaŋ まだ
★ŋ はングの感じで

263 [修] ด้วย
～ dûay ～も
★u は口を突き出す　｜文法｜ 文末に置く

264 [接] แล้วก็
lɛ́ɛw kɔ̂ɔ ～ それから～　(接続詞 ▶P.145)
★ɛɛ はアの口でエー／k は息を抑える

□ 265 接 หรือ
~ rǔɯ ~
~それとも~

文法 A rǔɯ B で「Aそれとも Bですか？」

□ 266 類 ที่
~ thîi
~人前（料理の類別詞）

★ th は息を強く

□ 267 ไม่ได้
mây dây ~
~していない、~しなかった

★声調は下声を2回繰り返す

文法 mây dây+動詞 過去、完了の否定

□ 268 แล้วหรือยัง
~ lɛ́ɛw rɯ́ʉ yaŋ
もう~しましたか？

★ ɛɛ はアの口でエー／ŋ はングの感じで

メモ lɛ́ɛw<もう>+rɯ́ɯ<それとも>+yaŋ<まだ>
文法 文末に付ける

□ 269 ก็ได้
~ kɔ̂ɔ dâay
~でもいい、~してもいい

★声調は下声を繰り返す

メモ kɔ̂ɔ <~も>+dâay <できる>
文法 名詞に続けると「~でもいい」、動詞に続けると「~してもいい」

□ 270 กี่ที่
kìi thîi
何名様？、何人前？

★ k は息を抑える／th は息を強く

メモ 店員が来店人数や料理の注文数を聞く際に

□ 271 แค่นี้ก่อน
khɛ̂ɛ níi kɔ̀ɔn
とりあえずこれで

★ ɛɛ はアの口でエー／k は息を抑える

メモ khɛ̂ɛ níi<これだけ>+kɔ̀ɔn<先に>

□ 272 เช็คบิลด้วย
chék bin dûay
お会計お願いします

メモ <〔英〕check bill> ホテルやレストランの食事の会計に。屋台や大衆食堂ではkhít taŋ dûayなど

1 何が食べたいですか？ 男 อยากทานอะไรครับ

yàak thaan ʔaray khráp

したい ＋ 食べる ＋ 何 ＋ 丁寧語（男）

---

2 何でもいいです。 女 อะไรก็ได้ค่ะ

ʔaray kɔ̂ɔ dâay khâʔ

何 ＋ 〜でもいい ＋ 丁寧語（女）

「〜でもいい」は名詞 ＋ kɔ̂ɔ dâay です。

---

3 辛いのは食べられますか？ 男 ทานเผ็ดได้ไหมครับ

thaan phèt dâay máy khráp

食べる ＋ 辛い ＋ できる ＋〜ますか？＋ 丁寧語（男）

「〜できますか？」は動詞 ＋ dâay máy で聞きます。dâay（できます）／mây dâay（できません）で答えます。

---

4 どこでご飯を食べますか？ 女 ทานข้าวที่ไหนคะ

thaan khâaw thîinǎy kháʔ

食べる ＋ ご飯 ＋ どこ ＋ 丁寧語（女）

---

5 フードコートでバミーを食べます。 男 ทานบะหมี่ที่ศูนย์อาหารครับ

thaan bamìi thîi sǔun ʔaahǎan khráp

食べる ＋ バミー ＋ 〜で ＋ フードコート ＋ 丁寧語（男）

---

6 料理は注文しましたか？ 女 สั่งอาหารแล้วหรือยังคะ

sàŋ ʔaahǎan lɛ́ɛw rɯ́ɯ yaŋ kháʔ

注文する ＋ 料理 ＋ もう〜しましたか？＋ 丁寧語（女）

「もう〜しましたか？」は動詞（句）＋ lɛ́ɛw rɯ́ɯ yaŋ。答えるときは、動詞（句）＋ lɛ́ɛw「もう〜しました」、yaŋ「まだ」、yaŋ mây dây ＋ 動作を表す動詞「まだ〜していない」で答えます。

7 注文をお願いします。 男 ขอสั่งอาหารหน่อยครับ

khɔ̌ɔ sàŋ ʔaahǎan nɔ̀y khráp

させてください + 注文する + 料理 + ちょっと + 丁寧語（男）

「自分に～させてください」は khɔ̌ɔ + 動詞 です。「ちょっと」という意味の nɔ̀y を文末に付けることもあります。

8 カオマンガイを二つ下さい。 女 ขอข้าวมันไก่สองที่ค่ะ

khɔ̌ɔ khâaw man kày sɔ̌ɔŋ thîi khâʔ

ください + カオマンガイ + 2 + ～人前 + 丁寧語（女）

「～を下さい」は khɔ̌ɔ + 名詞 です。数量はその後に続けて 数詞 + 類別詞 で言います。

9 それから、トムヤムクンも。 男 แล้วก็ต้มยำกุ้งด้วยครับ

lɛ́ɛw kɔ̂ɔ tôm yam kûŋ dûay khráp

それから + トムヤムクン + ～も + 丁寧語（男）

「付加して、一緒に」という意味の dûay「～も」は英語の too のように文末に置きます。

10 パクチーをいっぱい入れてくださいね。 女 ใส่ผักชีเยอะๆนะคะ

sày phàkchii yə́ʔ yə́ʔ náʔ kháʔ

入れる + パクチー + いっぱい + ～ね + 丁寧語（女）

yə́ʔ（いっぱい）を繰り返し強調して依頼してみましょう。語の繰り返しは、複数や強調、あるいは意味を曖昧にする働きがあります。

11 紅茶？それともコーヒーにしますか？ 男 ทานชาฝรั่งหรือกาแฟครับ

thaan chaa fáràŋ rɯ̌ɯ kaafɛɛ khráp

飲む + 紅茶 + それとも + コーヒー + 丁寧語（男）

「A ですか？ それとも B ですか？」は A rɯ̌ɯ B となります。文末疑問詞は必要なく、rɯ̌ɯ を使うだけで疑問文になります。

12 クレジットカードは使えますか？ 女 ใช้เครดิตการ์ดได้ไหมคะ

cháy khreedìt káat dâay máy kháʔ

使う + クレジットカード + できる + ～ますか？ + 丁寧語（女）

解説　単語　例文

5. 買い物をする (1) ——お土産を買いたいです

□ 273 名 ห้างสรรพสินค้า
hâaŋ (sàp pha sǐn kháa) デパート
★ ŋ はングの感じで

□ 274 名 เซเว่น อีเลฟเว่น
see wên (ʔii lee wên) セブン-イレブン
★ n は口を閉じずに舌先を上歯茎に
関連語 ráan sadùak súɯ コンビニエンスストア

□ 275 名 สยาม พารากอน
(sa yǎam) phaa raa kɔ̂n サイアム・パラゴン
★ ɯ は口を突き出す
メモ バンコク サイアム駅に隣接する大型商業施設 略して phaaraakɔ̂n

□ 276 名 ลิฟต์
líp エレベーター
メモ <〔英〕lift>
関連語 banday lûan エスカレーター

□ 277 名 เสื้อเชิ้ต
sûɯa chə́ət シャツ、ブラウス (衣類・装飾品 ▶P.131)
★ ɯ はイの口でウ／ əə は半開きでウー
メモ sûɯa<服>+chə́ət<〔英〕shirt>

□ 278 名 กระโปรง
kra prooŋ スカート
★ k は息を抑える／ŋ はングの感じで

□ 279 名 กางเกง
kaaŋ keeŋ ズボン
★ k は息を抑える／ŋ はングの感じで

□ 280 名 เนกไท
nék thay ネクタイ
★ k はクと言う感じで／th は息を強く
メモ <〔英〕necktie>

□ 281 名 กระเป๋า
kra pǎw
かばん、ポケット （身の回りのもの ▶P.132）

★k, p は息を抑える ｜ 関連語 nǎŋ 皮／nǎŋ thiam 合成皮革

□ 282 名 กระเป๋าสตางค์
kra pǎw sa taaŋ 財布

★k, p, t は息を抑える／ŋ はングの感じで ｜ メモ krapǎw＜かばん＞+sataaŋ＜お金＞

□ 283 名 นาฬิกา
naa li kaa 時計

★声調はずっと真っすぐ

□ 284 名 รองเท้า
rɔɔŋ tháaw 靴

★ŋ はングの感じで／th は息を強く ｜ 関連語 rɔɔŋtháaw tɛ̀ʔ サンダル

□ 285 名 ร่ม
rôm 傘

★o は口を突き出す／m は口を閉じる

□ 286 名 สร้อยคอ
sɔ̂y khɔɔ ネックレス

★ɔ はアの口でオ／kh は息を強く ｜ 関連語 sɔ̂y khɔ̂ɔ mɯɯ ブレスレット

□ 287 名 บุหรี่
bu rìi タバコ

★u は口を突き出す ｜ 関連語 thîi khìa burìi 灰皿

□ 288 名 บัตรเติมเงิน
bàt təəm ŋən プリペイドカード

★əə は半開きでウー／m は口を閉じる ｜ メモ bàt＜カード＞+təəm＜補充する＞+ŋən＜お金＞ 携帯電話、BTS スカイトレインなど

解説　単語　例文

□ 289 名 ปากกา
pàak kaa　　ペン
★頭子音 p, k は息を抑える　　関連語 dinsɔ̌ɔ kòt シャープペンシル

□ 290 名 แชมพู
chɛm phuu　　シャンプー
★ ch, ph は息を強く／ɛ はアの口でエ
メモ〈英〉shampoo〉
関連語 khriim nûat コンディショナー

□ 291 名 สบู่
sa bùu　　せっけん
★ uu は口を突き出す

□ 292 名 แคชเชียร์
khét chia　　レジ
★ kh, ch は息を強く／ɛ はアの口でエ　　メモ〈英〉cashier〉

□ 293 名 เพลง
phleeŋ　　歌、曲
★ ph は息を強く／ŋ はングの感じで　　関連語 rɔ́ɔŋ phleeŋ 歌を歌う

□ 294 名 ซีดี
sii dii　　CD

□ 295 名 หนังสือ
náŋ sɯ̌ɯ　　本
★ ŋ はングの感じで／ɯɯ はイの口でウー

□ 296 名 ร้านขายหนังสือ
ráan khǎay náŋ sɯ̌ɯ　　本屋
メモ ráan〈店〉+khǎay〈売る〉+náŋsɯ̌ɯ〈本〉

□ 297 名 หนังสือพิมพ์
náŋ sǔɯ phim 新聞
★ m は口を閉じる

□ 298 名 ผ้าไหม
phâa mǎy シルク
★ph は息を強く ｜ メモ phâa<布>+mǎy<シルク>

□ 299 名 ชุดไทย
chút thay タイ式伝統衣装
メモ chút<衣装>+thay<タイ>

□ 300 名 ห้องน้ำ
hôŋ náam トイレ、浴室
★ɔはアの口でオ／m は口を閉じる ｜ メモ hôŋ<部屋>+náam<水>

□ 301 名 ของ
khɔ̌ɔŋ 物
★ɔɔはアの口でオー／ŋはングの感じで

□ 302 名 ของฝาก
khɔ̌ɔŋ fàak お土産
★f は下唇を軽くかむ／k はクを言う感じで ｜ メモ khɔ̌ɔŋ<物>+fàak<託す>

□ 303 名 ทางนี้
thaaŋ níi こちら
メモ thaaŋ<道、方向>+níi <この>
関連語 thaaŋ nǎyどちら／thaaŋ nánそちら／thaaŋ nóonあちら
★th は息を強く／ŋ はングの感じで

□ 304 名 ชั้น
chán〜 〜階
文法 chán+ 数詞
関連語 chán nǎy 何階？
★n は口を閉じずに舌先を上歯茎に

□ 305 名 แถวนี้
thěw níi
この辺り

メモ thěw＜辺り＞+níi＜この＞

□ 306 動 เปิด
pə̀ət
開く、開ける

★pは息を抑える／tは舌先を上歯茎に   メモ 別訳「(電化製品を)つける」

□ 307 動 ปิด
pìt
閉まる、閉める

★pは息を抑える／tは舌先を上歯茎に   メモ 別訳「(電化製品を)消す」

□ 308 動 แต่งตัว
tɛ̀ŋ tua
身支度する

★tは息を抑える／ŋはングの感じで   メモ tɛ̀ŋ＜飾る＞+tua＜体＞

□ 309 動 เสร็จ
～ sèt
終わる、〜し終わる

★tは舌先を上歯茎に   文法 「〜し終わる」動詞+sèt

□ 310 動 อยู่
yùu
ある、いる、住む

文法 「〜がある、〜がいる」
主語+yùu(+thîi 場所)　所在を表す

□ 311 動 อยากได้
yàak dâay
欲しい

★kはクを言う感じで   メモ yàak＜したい＞+dâay＜得る＞

□ 312 動 ซื้อของ
sɯ́ɯ khɔ̌ɔŋ
買い物する

★ɯɯはイの口でウー／ŋはングの感じで   メモ sɯ́ɯ＜買う＞+khɔ̌ɔŋ＜物＞

□ 313 動 เลือก
lûak
選ぶ

★ ɯ はイの口でウ／k はクと言う感じで

□ 314 動 ห่อ
hɔ̀ɔ
包む

★ ɔɔ はアの口でオー

関連語 sày thǔŋ 袋に入れる

□ 315 接 แล้ว
～ lɛ́ɛw…
～してから…、～したら…

★ ɛɛ はアの口でエー

文法 動詞(句)と動詞(句)をつなぐ接続詞

□ 316 前 หน้า
nâa ～
～の前 前置詞 ▶P.145

文法 nâa+場所 位置を表す

□ 317 前 ใน
nay ～
～の中

文法 nay+場所 位置を表す

□ 318 前 ข้าง
khâaŋ ～
～の隣、～の横

★ ŋ はングの感じで

文法 khâaŋ+場所 位置を表す

□ 319 前 ตั้งแต่
tâŋ tɛ̀ɛ ～
～から

★ t は息を抑える／ɛɛ はアの口でエー

文法 tâŋtɛ̀ɛ+時を表す言葉
時間の「～から」、始点を表す

□ 320 前 ถึง
thǔŋ ～
～まで

★ ɯ はイの口でウー／ŋ はングの感じで

文法 thǔŋ+時・位置を表す言葉
場所、時間の「～まで」を表す

解説　単語　例文

1 身支度が終わったら、買い物に行きます。 男 แต่งตัวเสร็จแล้วจะไปซื้อของครับ

tèŋtua sèt lɛ́ɛw ca pay súɯ khɔ̌ɔŋ khráp

身支度する + 終える + してから + （未来） + 行く + 買い物する + 丁寧語（男）

「〜したら…する、〜してから…する」と、ある動作をしてからある動作をするときには接続詞 lɛ́ɛw でつなぎます。

2 この辺には、セブン - イレブンはありますか？ 女 แถวนี้มีเซเว่นไหมคะ

thɛ̌w níi mii seewên máy khá?

この辺 + ある + セブン - イレブン + 〜ますか？ + 丁寧語（女）

3 デパートはどこにありますか？ 男 ห้างอยู่ที่ไหนครับ

hâaŋ yùu thîinǎy khráp

デパート + ある + どこ + 丁寧語（男）

「〜はどこにありますか？」は 主語 + yùu（ある）+ thîinǎy（どこ）です。
mii はものが存在するかどうかを、yùu はすでに存在すると分かっているものの所在を言うのに用います。

4 パラゴンは駅の前にあります。 女 พารากอนอยู่หน้าสถานีค่ะ

phaaraakɔ̂n yùu nâa sathǎanii khâ?

パラゴン + ある + 〜の前 + 駅 + 丁寧語（女）

「〜は…にあります / います」は 主語 + yùu + 前置詞 + 場所 の順です。

5 サンダルが欲しいです。 男 อยากได้รองเท้าแตะครับ

yàakdâay rɔɔŋtháaw tɛ̀ʔ khráp

欲しい + サンダル + 丁寧語（男）

「〜が欲しい」は yàakdâay + 名詞 です。

6 タイの歌の CD を買いたいです。 女 อยากซื้อซีดีเพลงไทยค่ะ

yàak súɯ siidii phleeŋ thay khâ?

したい + 買う + CD + タイの歌 + 丁寧語（男）

「〜がしたい」は yàak（ca）+ 動詞 です。

7 お店は何時から何時まで開いていますか？ 男　ร้านเปิดตั้งแต่กี่โมงถึงกี่โมงครับ

ráan pə̀ət tâŋtɛ̀ɛ kìi mooŋ thǔŋ kìi mooŋ khráp

店 + 開く+ から + 何時 + まで + 何時 +丁寧語（男）

「～から」は tâŋtɛ̀ɛ ～、「～まで」は thǔŋ ～。

8 本屋は何階にありますか？ 女　ร้านขายหนังสืออยู่ชั้นไหนคะ

ráan khǎay náŋsɯ̌ɯ yùu chán nǎy kháʔ

本屋 + ある + 何階 +丁寧語（女）

「～階にある」は yùu + chán + 数詞、「何階にありますか？」は数詞を nǎy（どの）に置き換えます。

9 3階にあります。男　อยู่ชั้นสามครับ

yùu chán sǎam khráp

ある + 階 + 3 +丁寧語（男）

10 トイレはどこにありますか？ 女　ห้องน้ำอยู่ที่ไหนคะ

hɔ̂ŋ náam yùu thîinǎy kháʔ

トイレ + ある + どこ +丁寧語（女）

11 お土産を買いたいです。男　อยากซื้อของฝากครับ

yàak sɯ́ɯ khɔ̌ɔŋ fàak khráp

したい + 買う + お土産 +丁寧語（男）

12 何を買ったらいいでしょう？ 女　ซื้ออะไรดีคะ

sɯ́ɯ ʔaray dii kháʔ

買う + 何 + 良い +丁寧語（女）

「～したらいいでしょう？」は、疑問詞（何、誰、どこ、いつ、どのように 等）+ dii（良い）です。
相手に尋ねたり、「～したらいいかなあ」と自問自答したりする文になります。

6. 買い物をする（2）―― 値引きしてもらえますか？

□ 321 名 ตลาด
ta làat   市場
★頭子音 t は息を抑える | 関連語 talàat nát 定期市場／talàat náam 水上市場

□ 322 名 ราคา
raa khaa   値段
★kh は息を強く |

□ 323 名 เสื้อยืด
sûa yûɯt   Tシャツ
★ɯ はイの口でウ／t は舌先を上歯茎に | メモ sûa<服>+yûɯt<伸びる>

□ 324 名 สี
sĭi   色 (色・柄 ▶ P.131)
★シーでなく、スィーという感じで |

□ 325 名 สีขาว
sĭi khăaw   白、白色
★kh は息を強く | メモ sĭi<色>+khăaw<白>

□ 326 名 สีดำ
sĭi dam   黒、黒色
★m は口を閉じる | メモ sĭi<色>+dam<黒>

□ 327 名 สีแดง
sĭi dɛɛŋ   赤、赤色
★ɛɛ はアの口でエー／ŋ はングの感じで | メモ sĭi<色>+dɛɛŋ<赤>

□ 328 名 บาท
bàat   バーツ
★t は舌先を上歯茎に | メモ タイの貨幣単位

329 動 ขาย
khǎay
売る

★kh は息を強く

関連語 súɯ 買う

330 動 ใส่
sày
着る、身につける

メモ 衣類、時計やメガネなどの装身具を身につける
関連語 thɔ̀ɔt 脱ぐ、外す

331 動 เอา
ʔaw
要る、取る

332 動 เปลี่ยน
plìan
変える、変わる

★p は息を抑える／n は舌先を上歯茎に

333 動 ลองดู
lɔɔŋ duu
試しに〜する（試してみる）

★ŋ はングの感じで

メモ lɔɔŋ＜試す＞+duu＜見る＞
文法 「試しに〜する」lɔɔŋ+動詞+duu

334 動 คิดว่า
khít wâa 〜
〜と思う、〜と考える

★kh は息を強く／t は舌先を上歯茎に

メモ khít＜思う、考える＞+wâa＜〜と＞

335 動 ต่อราคา
tɔ̀ɔ (raa khaa)
値段を交渉する

★t は息を抑える／ɔɔ はアの口でオー

メモ tɔ̀ɔ＜交渉する＞+raakhaa＜値段＞

336 動 ลดราคา
lót (raa khaa)
値引きする

★o は口を突き出す／kh は息を強く

メモ lót＜減らす、まける＞+raakhaa＜値段＞

337 [動] ตัดเสื้อ
tàt sɯ̂a
服を仕立てる

★t は息を抑える／ɯ はイの口でウ
[メモ] tàt<切る>+sɯ̂a<服>

338 [動] มารับ
maa ráp
受け取りに来る

★p は口を閉じる
[メモ] maa<来る>+ráp<受け取る>
[関連語] pay ráp 受け取りに行く

339 [修] แพง
phɛɛŋ
（値段が）高い

★ph は息を強く／ŋ はングの感じで
[関連語] thùuk 安い

340 [修] ใหญ่
yày
大きい

341 [修] เล็ก
lék
小さい

★k はクと言う感じで

342 [修] พอดี
phɔɔ dii
ちょうど良い

★ph は息を強く／ɔɔ はアの口でオー
[メモ] サイズ、タイミング等について言うときに

343 [修] กว่า
～ kwàa
より～

★k は息を抑える
[文法] 「AはBより～である」A+形容詞+kwàa+B　比較表現

344 [修] กว่านี้
～ kwàa níi
これより～

[文法] 形容詞+kwàa níi
[関連語] kwàa nán それより～

□ 345 修 อื่น
~ ʔɯ̀ɯn　　他の~
★ ɯɯ はイの口でウー／n は舌先を上歯茎に　文法 名詞+(類別詞)+ ʔɯ̀ɯn

□ 346 名 สีอื่น
sǐi ʔɯ̀ɯn　　他の色
関連語 laay ʔɯ̀ɯn 他の柄
sǒŋ ʔɯ̀ɯn 他の型

□ 347 修 ไม่ค่อย
mây khɔ̂y ~　　あまり~でない
★ kh は息を強く／ɔ はアの口でオ　文法 mây khɔ̂y+形容詞／動詞

□ 348 修 ละ
~ láʔ　　~につき、~あたり
文法 類別詞+láʔ

・・・・・・・・・・・・・・・・・・・・・・・・・・・・・・・

□ 349 接 งั้น
ŋán　　では、それでは
★ ŋ はングの感じで／n は舌先を上歯茎に

□ 350 接 กับ
~ kàp ~　　~と~
★ k は息を抑える／p は口を閉じる　文法 「AとB」A kàp B

□ 351 類 ตัว
~ tua　　~着、枚
★ t は息を抑える／u は口を突き出す　メモ 衣服、動物などに用いる類別詞

□ 352 ก็แล้วกัน
~ kɔ̂ɔ lɛ́ɛw kan　　~ということにしましょう
文法 妥協して、折り合いをつけて「~ということにしましょう」文末に置く

1 Tシャツはどこで売っていますか？ 男 เสื้อยืดมีขายที่ไหนครับ

sûːa yûːɯt miː khǎay thîːinǎy khráp

Tシャツ　＋ある＋　売る　＋　どこ　＋丁寧語（男）

「売っている」は miː khǎay（ある＋売る）で言います。

2 1着当たり300バーツです。 女 ตัวละสามร้อยบาทค่ะ

tua láʔ sǎam rɔ́ɔy bàat khâʔ

～着＋～につき＋　　　300　　＋バーツ＋丁寧語（女）

「～につき」は 類別詞＋láʔ です。

3 何色がありますか？ 男 มีสีอะไรครับ

miː sǐi ʔaray khráp

ある＋色＋　何　＋丁寧語（男）

4 友人はこの色が好きだと思います。 女 คิดว่าเพื่อนชอบสีนี้ค่ะ

khít wâa phɯ̂an chɔ̂ɔp sǐi níi khâʔ

～と思う　＋　友人　＋好きである＋色＋この＋丁寧語（女）

「～と思う、考える」は khít wâa＋内容 で言います。

5 白と赤を下さい。 男 ขอสีขาวกับสีแดงครับ

khɔ̌ɔ sǐi khǎaw kàp sǐi dɛɛŋ khráp

下さい＋　　白　　＋～と～＋　赤　＋丁寧語（男）

「AとB」は、並列の接続詞 kàp を用いて A kàp B とします。

6 これの方がきれいです。 女 นี่สวยกว่าค่ะ

nîi sǔay kwàa khâʔ

これ＋きれいな＋　より～　＋丁寧語（女）

「Aの方が～」はA＋形容詞＋kwàa で言います。
「Aの方がBより」と比較対象を続けるときはA＋形容詞＋kwàa＋B とします。

7 これより大きいのはありますか？ 男　ใหญ่กว่านี้มีไหมครับ

yày kwàa níi mii máy　khráp

大きい +　　これより　+ ある + ～ますか？ + 丁寧語（男）

---

8 試着してもいいですか？ 女　ลองใส่ดูได้ไหมคะ

lɔɔŋ sày duu dâay máy　khá?

試す + 着る + 見る + できる + ～ますか？ + 丁寧語（女）

「試しに～してみる」は lɔɔŋ + 動詞 + duu です。
「～してもいいですか？」と許可を求めるときは、「（私は）～できますか？」と聞きます。

---

9 値引きしてもらえますか？ 男　ลดได้ไหมครับ

lót　dâay máy　khráp

値引きする + できる + ～ますか？ + 丁寧語（男）

「～してもらえますか？」と依頼するときは、「（あなたは）～できますか？」で聞きます。

---

10 200バーツということにしましょう。 女　สองร้อยบาทก็แล้วกันค่ะ

sɔ̌ɔŋ rɔ́ɔy bàat kɔ̂ɔ lɛ́ɛw kan khâ?

200　　+ バーツ + ということにしましょう + 丁寧語（女）

相手と折り合いをつけて「～ということにしましょう」は文末に kɔ̂ɔ lɛ́ɛw kan を付けます。

---

11 3着で500バーツにしてもらえますか？ 男　สามตัวห้าร้อยบาทได้ไหมครับ

sǎam tua hâa rɔ́ɔy bàat dâay máy　khráp

3　+ ～着 +　　500　　+ バーツ + できる + ～ますか？ + 丁寧語（男）

---

12 値段はあまり高くありません。 女　ราคาไม่ค่อยแพงค่ะ

raakhaa mây khôy phɛɛŋ khâ?

値段　　+　あまり～ない　+　高い　+ 丁寧語（女）

「あまり～でない」は mây khôy + 動詞/形容詞 です。

7. レジャー・観光を楽しむ──映画に行きましょう

◀ CD 39 ▶

□ 353 名 อาทิตย์
ʔaa thít
週 (年月日 ▶P.144)

★th は息を強く／t は舌先を上歯茎に
関連語 sàpdaa 週(書き言葉的)

□ 354 名 เดือน
dɯan
月

★ɯ はイの口でウ／n は舌先を上歯茎に

□ 355 名 ปี
pii
年

★p は息を抑える

□ 356 名 อาทิตย์หน้า
ʔaa thít nâa
来週

メモ ʔaathít<週>+nâa <次の>
関連語 ʔaathít níi 今週／ʔaathít thîi lɛ́ɛw 先週

□ 357 名 กอล์ฟ
kɔ́ɔf
ゴルフ

★k は息を抑える／f は下唇を軽くかむ
メモ <[英]golf>
関連語 sanǎam kɔ́ɔf ゴルフ場

□ 358 名 หนัง
nǎŋ
映画

★ŋ はングの感じで
メモ 類別詞は rɯ̂aŋ(作品数)〜本、rɔ̂ɔp(上映)〜回
関連語 nǎŋ fáràŋ 洋画

□ 359 名 โรงหนัง
rooŋ nǎŋ
映画館

★oo は口を突き出す／ŋ はングの感じで
メモ rooŋ<建物>+nǎŋ<映画>

□ 360 名 มวยไทย
muay thay
タイボクシング (スポーツ・伝統文化 ▶P.141)

★u は口を突き出してウ／声調はずっと平坦に
関連語 sanǎam muay ボクシングスタジアム

□ 361 名 รำไทย
ram thay
タイ舞踊

★m は口を閉じる

メモ　ram<舞踊>+thay<タイ>

□ 362 名 นวดแผนไทย
nûat phěεn thay
タイ式マッサージ

★u は口を突き出してウ／εε はアの口でエー

メモ　nûat<マッサージ>+phěεn<式>+thay<タイ>

□ 363 名 วัดพระแก้ว
wát phrá kε̂εw
エメラルド寺院 （バンコク近郊の名所 ▶P.140）

★t は舌先を上歯茎に／k は息を抑える

メモ　バンコクにある王室寺院でエメラルド・ブッダが安置されている

□ 364 名 ค่าผ่านประตู
khâa phàan pra tuu
入場料

★kh, ph は息を強く／n は舌先を上歯茎に／p, t は息を抑える

メモ　khâa<料金>+phàan<通過する>+pratuu<ドア、門>

□ 365 名 พระ
phráʔ
僧侶、仏像

★ph は息を強く

□ 366 名 คาราโอเกะ
khaa raa ʔoo kèʔ
カラオケ

□ 367 動 ร้อง
rɔ́ɔŋ
歌う

★ŋ はングの感じで

関連語　rɔ́ɔŋ pheeŋ 歌を歌う

□ 368 動 จอง
cɔɔŋ
予約する

★c は息を抑える／ŋ はングの感じで

解説　単語　例文

□ 369 動 ไหว้
wâay
合掌する

メモ タイではあいさつの際に胸の前で手を合わせる

□ 370 動 ถอด
thɔ̀ɔt
脱ぐ、外す

★th は息を強く／t は舌先を上歯茎に

関連語 sày 着る、身につける

□ 371 動 นัดเจอกัน
nát cəə kan
待ち合わせる

★t は舌先を上歯茎に／c, k は息を抑える

メモ nát<約束する>+cəə<会う>+kan<互いに>

□ 372 動 ถ่ายรูป
thàay rûup
写真を撮影する

★th は息を強く／p は口を閉じる

メモ thàay<撮影する>+rûup<写真>

□ 373 修 ว่าง
wâaŋ
暇な、（部屋、席が）空いている

★ŋ はンゲの感じで

関連語 yûŋ 忙しい／tem 満杯、埋まっている

□ 374 修 เพราะ
phrɔ́ʔ
（聴いて）きれいな

★ph は息を強く

メモ 声や曲などが聴いて耳に心地がいい

□ 375 助動 เคย
khəəy ～
～したことがある

★kh は息を強く

文法 主語+khəəy+動詞
「～したことがない」主語+mây khəəy+動詞

□ 376 助動 ต้อง
tɔ̂ŋ ～
～しなければならない

★t は息を抑える／ŋ はンゲの感じで

文法 主語+tɔ̂ŋ+動詞
「～する必要はない」主語+mây tɔ̂ŋ+動詞

□ 377 接 แต่
tɛ̀ɛ
しかし

★t は息を抑える／ɛɛ はアーの口でエー

□ 378 前 กับ
kàp ～
～と

★k は息を抑える／p は口を閉じる | 文法 kàp+人

□ 379 前 ของ
khɔ̌ɔŋ ～
～の

★kh は息を強く／ŋ はングの感じで | 文法 名詞+khɔ̌ɔŋ+所有者 所属、所有を表す

□ 380 กันเถอะ
～ kan thə̀ʔ
～しましょう

★k は息を抑える／th は息を強く | 文法 動詞(句)+kan thə̀ʔ

□ 381 ด้วยกัน
～ dûay kan
一緒に

★u は口を突き出す／k は息を抑える | 文法 「一緒に～する」動詞(句)+ dûay kan
「一緒に～しませんか?」は動詞(句)+ dûay kan máy

□ 382 ขอ...ได้ไหม
khɔ̌ɔ ～ dâay máy
～させてもらってもいいですか？

★kh は息を強く | メモ khɔ̌ɔ ＜させてください＞+dâay máy ＜できますか＞
文法 khɔ̌ɔ + 動詞(句)+ dâay máy 丁寧に許可を求める

□ 383 ช่วย...ได้ไหม
chûay ～ dâay máy
～してもらえますか？

★ch は息を強く | メモ chûay ＜手伝う＞+dâay máy ＜できますか＞
文法 chûay + 動詞(句)+ dâay máy 丁寧な依頼

□ 384 เป็นยังไง
pen yaŋ ŋay
どうですか？

★n は舌先を上歯茎に／ŋ はングの感じで | メモ 略してpen ŋay

1 来週、一緒にゴルフをしに行きませんか？ 男　อาทิตย์หน้าไปเล่นกอล์ฟด้วยกันไหมครับ

ʔaathít nâa pay lên kɔ́ɔf dûay kan máy khráp

来週　＋行く　＋する　＋ゴルフ＋　一緒に〜しませんか？　＋丁寧語（男）

「一緒に〜しませんか？」は 動詞（句）＋ dûay kan máy です。dii khráp/khâ（いいですね）、dâay khráp/khâ（いいですよ）等で返答します。

2 行きたいのですが、来週は空いていません。女　อยากไปแต่อาทิตย์หน้าไม่ว่างค่ะ

yàak pay tɛ̀ɛ ʔaathít nâa mây wâaŋ khâ?

したい ＋行く ＋しかし＋　　来週　＋〜ない ＋空いている＋丁寧語（女）

3 映画を見に行きましょう。男　ไปดูหนังกันเถอะครับ

pay duu nǎŋ kan thə̀ʔ khráp

行く　＋　見る　＋映画＋　しましょう　＋丁寧語（男）

「〜しましょう」は 動詞＋ kan thə̀ʔ です。

4 何時に待ち合わせをしたらいいですか？ 女　นัดเจอกันกี่โมงดีคะ

nát cəə kan kìi mooŋ dii khá?

待ち合わせる　＋　何時　＋良い ＋丁寧語（女）

5 海に遊びに行ったのはどうでしたか？ 男　ไปเที่ยวทะเลเป็นยังไงครับ

pay thîaw thalee pen yaŋŋay khráp

行く ＋ 遊ぶ ＋　海　＋　どうですか？　＋丁寧語（男）

「どうですか？どうでしたか？」と相手の意見や感想を聞くには、事柄＋ pen yaŋŋay です。事柄の位置には単語や文を置きます。

6 タイボクシングを見に行ったことがありません。女　ไม่เคยไปดูมวยไทยค่ะ

mây khəəy pay duu muaythay khâ?

〜ない ＋したことがある ＋ 行く ＋ 見る ＋　タイボクシング　＋丁寧語（女）

「〜したことがある（ない）」は 主語 ＋ (mây) khəəy ＋ 動詞です。「〜したことがありますか？」khəəy ＋動詞＋ máy には khəəy/ mây khəəy（したことがある／ない）で答えます。

7 誰とエメラルド寺院に行きますか？ 男 ไปวัดพระแก้วกับใครครับ

pay wát phrákɛ̂ɛw kàp khray khráp

行く ＋ エメラルド寺院 ＋ 〜と ＋ 誰 ＋丁寧語（男）

「〜と（誰と）」は kàp +人 で言います。

8 お寺では靴を脱がなくてはいけません。 女 ที่วัดต้องถอดรองเท้าค่ะ

thîi wát tɔ̂ŋ thɔ̀ɔt rɔɔŋtháaw khâ?

〜では + 寺 + しなければならない + 脱ぐ + 靴 +丁寧語（女）

「〜しなければならない」は 主語 + tɔ̂ŋ + 動詞、「〜する必要はない、〜しなくてよい」は 主語 + mây tɔ̂ŋ + 動詞 です。

9 写真を撮らせてもらってもいいですか？ 男 ขอถ่ายรูปได้ไหมครับ

khɔ̌ɔ   thàay rûup dâay máy khráp

させてもらってもいいですか？ + 写真を撮る +丁寧語（男）

「(自分に) 〜させてください」は khɔ̌ɔ + 動詞（句）。khɔ̌ɔ + 動詞（句）+ dâay máy 「〜させてもらってもいいですか？」でより丁寧に相手の意向を聞くことができます。dâay（いいです）/ mây dâay（駄目です）で答えます。

10 写真を撮ってもらえますか？ 女 ช่วยถ่ายรูปได้ไหมคะ

chûay   thàay rûup dâay máy khá?

してもらえますか？ + 写真を撮る +丁寧語（女）

11 誰の歌を歌いますか？ 男 จะร้องเพลงของใครครับ

ca rɔ́ɔŋ phleeŋ khɔ̌ɔŋ khray khráp

（未来）+ 歌う + 歌 + 〜の + 誰 +丁寧語（男）

所属や所有を表して「〜の…」と言うときは 名詞 + khɔ̌ɔŋ + 所有者 / 所属先 の順です。khɔ̌ɔŋ は省略することもあります。

12 予約しなければなりませんか？ 女 ต้องจองไหมคะ

tɔ̂ŋ   cɔɔŋ   máy   khá?

しなければならない + 予約する + 〜ますか？ +丁寧語（女）

答えるときは、tɔ̂ŋ（しなければならない）/ mây tɔ̂ŋ（しなくてよい）で言います。

8. 宿泊する —— 1晩いくらですか？

CD 41

□ 385 [名] โรงแรม
rooŋ rɛɛm　　ホテル
★ŋ はングの感じで／m は口を閉じる　| 関連語 kés háw ゲストハウス

□ 386 [名] ห้อง
hɔ̂ŋ　　部屋
★ɔ はアの口でオ／ŋ はングの感じで　| 関連語 hɔ̂ŋ tem 満室

□ 387 [名] กุญแจ
kun cɛɛ　　鍵
★k, c は息を抑える／n は舌先を上歯茎に　| 関連語 khii káat カードキー

□ 388 [名] ตู้เย็น
tûu yen　　冷蔵庫
★t は息を抑える／n は上歯茎に　| メモ tûu<ボックス>+yen<冷たい>

□ 389 [名] ตู้เซฟ
tûu séef　　金庫
| メモ tûu<ボックス>+séef<〔英〕safe>

□ 390 [名] เตียง
tiaŋ　　ベッド
★t は息を抑える／ŋ はングの感じで

□ 391 [名] วายฟาย
waay faay　　Wi-Fi
★f は下唇を軽くかむ　| メモ <〔英〕Wi-Fi>

□ 392 [名] ทัวร์
thua　　ツアー
★th は息を強く／u は口を突き出す　| メモ <〔英〕tour>
| 関連語 khrŵŋ wan 半日／pay cháaw yen klàp 日帰り

393 [名] ไกด์
káy
ガイド

★ k は息を抑える

| メモ | <[英] guide> |

394 [動] พัก
phák
泊まる

★ ph は息を強く／k はクと言う感じで

395 [動] เช็คอิน
chék ʔin
チェックインする

★ k はクと言う感じで

| メモ | <[英] check in> |
| 関連語 | chék ʔáw チェックアウトする |

396 [動] ต่อเน็ต
tɔ̀ɔ nèt
ネットに接続する

★ t は息を抑える／ɔɔ はアの口でオー

| メモ | tɔ̀ɔ<つなぐ>+nèt <[英] net> |

---

397 [動] ไหล
lǎy
流れる、流れ出る

398 [動] ฝาก
fàak
預ける

★ k はクと言う感じで

| 関連語 | fàak krapǎw かばんを預ける |

399 [類] คืน
～ khɯɯn
～晩

★ ɯɯ はイの口でウー／n は舌先を上歯茎に

| メモ | 「夜、晩」の意味 |
| 文法 | 類別詞「～晩」 数詞+ khɯɯn |

400 [助動] อยู่
～ yùu
～しているところ

| 文法 | 動詞(句)+ yùu 進行、継続を表す |

1 予約していません。【男】 ไม่ได้จองครับ

mây dây cɔɔŋ khráp

していない ＋ 予約する ＋ 丁寧語（男）

2 空き室はありますか？【女】 มีห้องว่างไหมคะ

mii hɔ̂ŋ wâaŋ máy khá?

ある ＋ 部屋 ＋ 空いている ＋ 〜ますか？ ＋ 丁寧語（女）

3 Wi-Fiはありますか？【男】 มีวายฟายไหมครับ

mii waayfaay máy khráp

ある ＋ Wi-Fi ＋ 〜ますか？ ＋ 丁寧語（男）

4 部屋を見せてもらえませんか？【女】 ขอดูห้องได้ไหมคะ

khɔ̌ɔ duu hɔ̂ŋ dâay máy khá?

させてもらえますか？ ＋ 見る ＋ 部屋 ＋ 丁寧語（女）

5 1晩いくらですか？【男】 คืนละเท่าไรครับ

khɯɯn láʔ thâwràay khráp

〜晩 ＋ 〜につき ＋ いくら ＋ 丁寧語（男）

6 部屋を変えさせてもらえますか？【女】 ขอเปลี่ยนห้องได้ไหมคะ

khɔ̌ɔ plìan hɔ̂ŋ dâay máy khá?

させてもらえますか？ ＋ 変える ＋ 部屋 ＋ 丁寧語（女）

7 私はホテルに泊まっています。 男 ผมพักอยู่ที่โรงแรมครับ

phǒm phák　yùu thîi rooŋrɛɛm khráp

私（男性）＋ 泊まる ＋している＋〜に＋　ホテル　＋丁寧語（男）

「〜しているところです、〜しています」と進行、継続を表すには 動詞（句）＋ yùu（＋ thîi 場所）の順に言います。

8 ネットに接続できません。 女 ต่อเน็ตไม่ได้ค่ะ

tɔ̀ɔ nèt　mây dâay khâʔ

ネットに接続する＋〜ない＋ できる＋丁寧語（女）

9 水が流れません。 男 น้ำไม่ไหลครับ

náam mây lǎy khráp

　水　＋〜ない＋流れる＋丁寧語（男）

10 ツアーを予約したいです。 女 อยากจองทัวร์ค่ะ

yàak cɔɔŋ　thua khâʔ

したい＋予約する＋ツアー＋丁寧語（女）

11 8月5日のツアーの申し込みをさせてください。 男 ขอจองทัวร์วันที่ห้าสิงหาครับ

khɔ̌ɔ　cɔɔŋ thua wan thîi hâa sǐŋhǎa khráp

させてください＋予約する＋ツアー＋　〜日（日付）＋ 5 ＋　8月 ＋丁寧語（男性）

12 日本語のガイドがつきますか？ 女 มีไกด์ภาษาญี่ปุ่นไหมคะ

mii káy phaasǎa yîipùn máy　kháʔ

いる＋ガイド＋　　日本語　　＋〜ますか？＋丁寧語（女）

9. 働く（1）——アポイントメントを取りたいのですが

□ 401 名 นามบัตร
naam bàt　　名刺
★m は口を閉じる／t は舌先を上歯茎に

□ 402 名 เบอร์มือถือ
bəə mɯɯ thɯ̌ɯ　携帯番号
★əə は半開きでウー／ɯɯ はイの口でウー
メモ bəə<番号>＋mɯɯ thɯ̌ɯ<携帯>

□ 403 名 ลูกค้า
lûuk kháa　　顧客
★uu は口を突き出す／kh は息を強く
関連語 khɛ̀ɛk 客、ゲスト

□ 404 名 เมตร
méet　　メートル
★t は舌先を上歯茎に
メモ <[英]meter>
関連語 kiloométt キロメートル

□ 405 名 ซ้าย
sáay　　左

□ 406 名 ขวา
khwǎa　　右
★kh は息を強く

□ 407 名 สัญญาณไฟจราจร
sǎn yaan fay (ca raa cɔɔn)　信号
★n は口を閉じずに舌先を上歯茎に
メモ sǎnyaan fay<信号>＋caraacɔɔn<交通>
関連語 faydɛɛŋ 赤信号

□ 408 名 สี่แยก
sìi yɛ̂ɛk　　交差点
★ɛɛ はアの口でエー／k はクという感じで
メモ sìi<4>＋yɛ̂ɛk<分かれる>

409 [名] สะพาน
sa phaan
橋

★n は舌先を上歯茎に

[関連語] saphaan lɔɔy 歩道橋
thaaŋ máalaay 横断歩道

410 [名] แผนที่
phɛ̌ɛn thîi
地図

★ph, th は息を強く／ɛɛ はアの口でエー

411 [名] ที่
thîi 〜
〜番目

★th は息を強く

[文法] thîi +数詞
[関連語] 〜rɛ̂ɛk 最初の〜／〜sùt tháay 最後の〜

412 [動] ขับรถ
khàp rót
運転する

★p は口を閉じる／t は舌先を上歯茎に

[メモ] khàp<運転する>+rót<車>
[関連語] khon khàp rót 運転手

413 [動] ติดต่อ
tìt tɔ̀ɔ
連絡する

★頭子音 t は息を抑える／ɔɔ はアの口でオー

414 [動] เลี้ยว
líaw
曲がる

415 [動] ข้าม
khâam
渡る

★kh は息を強く／m は口を閉じる

416 [動] เข้า
khâw
入る

★kh は息を強く

[関連語] ʔɔ̀ɔk 出る

417 [動] ถึง
thǔŋ
到着する

★ th は息を強く／ŋ はングの感じで

418 [動] ตรงไป
troŋ pay
真っすぐ行く

★ t は息を抑える／ŋ はングの感じで

[メモ] troŋ＜真っすぐ＞+pay＜行く＞

419 [動] ชิดขวา
chít khwǎa
右に寄る

★ t は舌先を上歯茎に／kh は息を強く

[メモ] chít＜寄る＞+khwǎa＜右＞
[関連語] chít sáay 左に寄る

420 [動] ไปส่ง
pay sòŋ
送りに行く

★ p は息を抑える／ŋ はングの感じで

[メモ] pay＜行く＞+sòŋ＜送る＞
[関連語] maa sòŋ 送りに来る

421 [動] มารับ
maa ráp
迎えに来る

★ p は口を閉じる

[メモ] maa＜来る＞+ráp＜迎える＞
[関連語] pay ráp 迎えに行く

422 [動] โทรไป
thoo pay
電話をかける

★ th は息を強く／oo は口を突き出す

[メモ] thoo＜電話する＞+pay＜行く＞
[文法] 「～に電話する」thoo pay hǎa+人

423 [動] นัดพบ
nát phóp
アポイントを取る

★ t は舌先を上歯茎に／p は口を閉じる

[メモ] nát＜会う約束をする＞+phóp＜会う（丁寧）＞

424 [動] ตกลง
tòk loŋ
了解です

★ t は息を抑える／ŋ はングの感じで

□ 425 [動] ลืม
luɯm
忘れる

★ ɯɯ はイの口でウー／m は口を閉じる

□ 426 [修] ยุ่ง
yûŋ
忙しい

★ u は口を突き出す／ŋ はングの感じで　[関連語] wâaŋ 暇な、空いている

□ 427 [修] สะดวก
sa dùak
都合がいい

★ u は口を突き出す／k はクと言う感じで

□ 428 [修] ใกล้
klây
近い

★ k は息を抑える

□ 429 [修] ไกล
klay
遠い

★ k は息を抑える

□ 430 [修] เรื่อยๆ
rûay rûay
そのまま、どんどん

★ ɯ はイの口でウ

□ 431 [修] ฮัลโหล
ha lǒo
もしもし

[メモ] 電話の呼びかけ

□ 432 ขอสาย...หน่อย
khɔ̌ɔ sǎay ~ nɔ̀y
〜をお願いします（電話で）

★ ɔɔ はアの口でオー　[メモ] khɔ̌ɔ＜ください＞+sǎay＜線＞+nɔ̀y＜ちょっと＞

1 会社に電話します。 男　โทรไปที่บริษัทครับ

thoo pay thîi bɔɔrisàt khráp

電話をかける ＋ 〜に ＋ 　会社　 ＋丁寧語（男）

「ある場所に電話をかける」は thoo pay thîi ＋ 場所、「人に電話をかける」は thoo pay hăa＋ 人 です。

2 もしもし、アピチャートさんをお願いします。 女　ฮัลโหล ขอสายคุณอภิชาติหน่อยค่ะ

halŏo, khɔ̌ɔ sǎay khun ʔaphichâat nɔ̀y khâʔ

もしもし ＋ お願いします ＋ 　アピチャートさん　 ＋丁寧語（女）

電話で「〜をお願いします」は khɔ̌ɔ sǎay ＋ 相手の名前 ＋ nɔ̀y で言います。

3 こちらは ABC 社の木村です。 男　นี่คิมูระจากบริษัทเอบีซีครับ

nîi khímuurá? càak bɔɔrisàt ʔeebiisii khráp

これ ＋ 　木村　 ＋ から ＋ 　ABC 社　 ＋丁寧語（男）

電話をかけた側が「こちらは〜です」と名乗るときは nîi ＋ 名前（こちらは〜です）と言います。会社名を言うときはさらに càak（〜から）＋ 社名 を続けます。

4 アポイントを取りたいのですが。 女　อยากนัดพบค่ะ

yàak nát phóp khâʔ

したい ＋ アポイントを取る ＋ 丁寧語（女）

5 お時間をいただけますか？ 男　ขอเวลาได้ไหมครับ

khɔ̌ɔ weelaa dâay máy khráp

ください ＋ 　時間　 ＋ できる ＋ 〜ますか？ ＋ 丁寧語（男）

6 あなたはいつが都合がいいですか？ 女　คุณจะสะดวกเมื่อไรคะ

khun ca sadùak mûarày kháʔ

あなた ＋（未来）＋ 都合がいい ＋ 　いつ　 ＋丁寧語（女）

「いつ〜？」は動詞（句）の後ろに mûarày を置きます。

7 （運転手に）どんどん真っすぐ行ってください。 **男**　ตรงไปเรื่อยๆครับ

troŋ pay rûay rûay khráp

真っすぐ行く ＋　　どんどん　　＋丁寧語（男）

---

8 2番目のソイに入ってください。 **女**　เข้าซอยที่สองค่ะ

khâw sɔɔy thîi sɔ̌ɔŋ khâʔ

入る ＋ ソイ ＋〜番目の＋ 2 ＋丁寧語（女）

「第〜番目の…」は 名詞／類別詞＋thîi＋数詞 の順に言います。

---

9 交差点まで行ったら、右に曲がります。 **男**　ไปถึงสี่แยกแล้วเลี้ยวขวาครับ

pay thǔŋ sìi yɛ̂ɛk lɛ́ɛw líaw khwǎa khráp

行く ＋ まで ＋ 交差点 ＋してから＋曲がる＋ 右 ＋丁寧語（男）

---

10 彼をスワンナプーム空港に送って行ってください。 **女**　ช่วยไปส่งเขาที่สนามบินสุวรรณภูมิค่ะ

chûay pay sòŋ kháw thîi sanǎambin suwannnaphuum khâʔ

してください＋送りに行く＋ 彼 ＋〜に＋　　　スワンナプーム空港　　　＋丁寧語（女）

---

11 私をコンドミニアムに朝6時に迎えに来てください。 **男**　ช่วยมารับผมที่คอนโดหกโมงเช้าครับ

chûay maa ráp phǒm thîi khɔndoo hòk mooŋ cháaw khráp

してください＋迎えに来る＋ 私 ＋〜に＋コンドミニアム＋　　午前6時　　＋丁寧語（男）

---

12 忘れないでね。 **女**　อย่าลืมนะคะ

yàa luuɯm náʔ kháʔ

しないで＋ 忘れる ＋〜ね＋丁寧語（女）

10. 働く（2） ── 会議は午後2時です

□ 433 [名] ที่ทำงาน
thîi tham ŋaan　職場
★m は口を閉じる／ŋ はンゲの感じで　　[メモ] thîi<場所>+thamŋaan<仕事をする>

□ 434 [名] สำนักงาน
sǎm nák ŋaan　オフィス、事務所
★m は口を閉じる／ŋ はンゲの感じで
[メモ] 外来語 ʔɔ́ffíís オフィス<〔英〕office>
[関連語] sǎmnákŋaan yày 本社

□ 435 [名] โรงงาน
rooŋ ŋaan　工場
★oo は口を突き出す／ŋ はンゲの感じで　　[メモ] rooŋ<建物>+ŋaan<仕事>

□ 436 [名] หัวหน้า
hǔa nâa　上司
★u は口を突き出す

□ 437 [名] เพื่อนร่วมงาน
phɯ̂an rûam ŋaan　同僚
★ɯ はイの口でウー／u は口を突き出す

□ 438 [名] ลูกน้อง
lûuk nɔ́ɔŋ　部下
★u は口を突き出す／ŋ はンゲの感じで

□ 439 [名] เอกสาร
ʔèek ka sǎan　書類
★k はクの感じで／n は舌先を上歯茎に

□ 440 [名][動] รายงาน
raay ŋaan　報告書、報告する
★ŋ はンゲの感じで／n は舌先を上歯茎に

□ 441 名 คอมพิวเตอร์
khɔm phíw tə̂ə コンピューター

★ əə は半開きでウー　　　メモ ＜〔英〕computer＞

□ 442 名 แฟ้ม
fɛ́ɛm ファイル

★ ɛɛ はアの口でエー／m は口を閉じる

□ 443 名 โต๊ะ
tóʔ 机

★ t は息を抑える／o は口を突き出す

□ 444 名 動 ประชุม
pra chum 会議、会議する

★ p は息を抑える／m は口を閉じる　　関連語 khâw prachum 会議に出席する

□ 445 名 คำถาม
kham thǎam 質問

★ m は口を閉じる　　メモ kham＜言葉＞+thǎam＜質問する＞
関連語 kham tɔ̀ɔp 答え、返事

□ 446 名 ปัญหา
pan hǎa 問題、トラブル

★ p は息を抑える／n は舌先を上歯茎に

□ 447 名 งานเลี้ยง
ŋaan líaŋ 宴会、パーティー

★ ŋ はンゲの感じで／n は舌先を上歯茎に　　関連語 paatîi パーティー

□ 448 名 เหล้า
lâw 酒

CD 45

□ 449 [動] เกิด
kəət
起きる、発生する

★kは息を抑える

[文法] kəət+出来事（自然現象、問題等）

□ 450 [動] สูบบุหรี่
sùup bu rìi
タバコを吸う

★pは口を閉じる／uは口を突き出す

[メモ] sùup＜吸う＞+burìi＜タバコ＞

□ 451 [動] เลี้ยง
líaŋ
ごちそうする

★ŋはンゲの感じで

□ 452 [動] อธิบาย
ʔa thí baay
説明する

★thは息を強く

□ 453 [動] เห็นด้วย
hěn dûay
賛成する

★uは口を突き出す

□ 454 [動] ส่งอีเมล
sòŋ ʔii meew
メールを送る

★ŋはンゲの感じで

[メモ] sòŋ＜送る＞+ʔiimeew＜〔英〕E-mail＞

□ 455 [動] ก๊อปปี้
kɔ́p pîi
コピーする

★k, pは息を抑える

[メモ] ＜〔英〕copy＞

□ 456 [動] เอามา
ʔaw maa
持って来る

[メモ] ʔaw＜取る＞+maa＜来る＞

□ 457 [動] ทำโอที
tham ʔoo thii　残業する
★th は息を強く／m は口を閉じる

[メモ] ʔoothii はover time(= O.T.)の略。
tham＜する＞+ ʔoothii ＜残業＞

□ 458 [動] มาสาย
maa sǎay　遅刻する

[メモ] maa＜来る＞+sǎay＜遅れる＞

□ 459 [動] เมา
maw　酔う

[関連語] maw lâw 酒に酔う
maw rót 車に酔う

□ 460 [動] ลางาน
laa ŋaan　休暇を取る

[メモ] laa＜休みを取る＞+ŋaan＜仕事＞

□ 461 [動] ลาป่วย
laa pùay　病気で休む
★p は息を抑える／u は口を突き出す

[メモ] laa＜休みを取る＞+pùay＜病気になる＞

□ 462 [修] เอง
～ ʔeeŋ　自分で～
★ŋ はングの感じで

[文法] 動詞(句)+ʔeeŋ

□ 463 [助動] ห้าม
hâam　禁止する
★m は口を閉じる

[文法] hâam+動詞(句)

□ 464 [接] เพราะ(ว่า)
phrɔ́ʔ (wâa) ～　なぜなら、～だから
★ph は息を強く

[文法] phrɔ́ʔ (wâa)+理由

1 報告書の作成は終わりましたか？ 男 ทำรายงานเสร็จแล้วหรือยังครับ

tham raayŋaan sèt lɛ́ɛw rɯ́ yaŋ khráp

作る ＋ 報告書 ＋終わる＋ もうしましたか？ ＋丁寧語（男）

この文には sèt lɛ́ɛw（終わりました）/yaŋ mây sèt（まだ終わっていません）で返答します。状態を表す動詞が使われている場合の否定「まだ～でない」は、yaŋ mây+状態動詞です。

2 今日は会議が午後2時にあります。 女 วันนี้มีประชุมบ่ายสองโมงค่ะ

wanníi mii prachum bàay sɔ̌ɔŋ mooŋ khâ?

今日 ＋ある＋ 会議 ＋ 午後2時 ＋丁寧語（女）

3 書類を用意してください。 男 ช่วยเตรียมเอกสารหน่อยครับ

chûay triam ʔèekkasǎan nɔ̀y khráp

してください＋ 準備する ＋ 書類 ＋丁寧語（男）

4 コンピューターも持って来なければなりません。 女 ต้องเอาคอมพิวเตอร์มาด้วยค่ะ

tɔ̂ŋ ʔaw khɔmphíwtəə maa dûay khâ?

しなければならない＋持って＋ コンピューター ＋ 来る ＋ ～も ＋丁寧語（女）

「～を持って来る」は ʔaw＋物＋maa の順に言います。

5 説明をしてください。 男 ช่วยอธิบายหน่อยครับ

chûay ʔathíbaay nɔ̀y khráp

してください＋ 説明する ＋丁寧語（男）

6 質問はありますか？ 女 มีคำถามไหมคะ

mii khamthǎam máy khá?

ある ＋ 質問 ＋～ますか？＋丁寧語（女）

7 どう思いますか？ 男　คิดว่ายังไงครับ

khít wâa yaŋŋay khráp

〜と思う　+　どのように　+　丁寧語（男）

---

8 なぜ遅刻したのですか？ 女　ทำไมมาสายคะ

thammay maa sǎay khá?

なぜ　+　遅刻する　+　丁寧語（女）

thammay（なぜ）は文頭に置きます。

---

9 問題が起きたからです。 男　เพราะเกิดปัญหาครับ

phrɔ́ʔ kə̀ət panhǎa khráp

なぜなら　+　起きる　+　問題　+　丁寧語（男）

理由を言うときは、phrɔ́ʔ（wâa）の後ろに理由を続けます。

---

10 工場内は禁煙です。 女　ในโรงงานห้ามสูบบุหรี่ค่ะ

nay rooŋŋaan hâam sùup burìi khâ?

〜の中　+　工場　+　禁止する　+　タバコを吸う　+　丁寧語（女）

「〜を禁止する」は hâam + 動詞（句）の順に言います。

---

11 同僚とお酒を飲みに行きます。 男　จะไปดื่มเหล้ากับเพื่อนร่วมงานครับ

ca pay dɯ̀ɯm lâw kàp phɯ̂an rûam ŋaan khráp

（未来）+ 行く + 飲む　+　酒 + 〜と +　同僚　+　丁寧語（男）

---

12 私があなたにごちそうします。 女　ดิฉันจะเลี้ยงคุณเองค่ะ

dichán ca líaŋ khun ʔeeŋ khâ?

私　+（未来）+ ごちそうする + あなた + 自分で + 丁寧語（女）

「自分で〜する」は動詞（句）の後ろに ʔeeŋ を置きます。

11. 暮らす――部屋を掃除してください

□ 465 名 เซอร์วิส อพาร์ทเมนท์
səə wìt ʔa pháat mén サービスアパートメント
★əə は半開きでウー
メモ <[英]service apartment>

□ 466 名 ค่าห้อง
khâa hɔ̂ŋ 家賃
★ŋ はンゲの感じで／ɔ はアの口でオ
メモ khâa<料金>+hɔ̂ŋ<部屋>

□ 467 名 ยาม
yaam 守衛、ガードマン
★m は口を閉じる
メモ ráksǎa khwaaamplɔ̀ɔtphay(安全を守る)を略して rɔɔ pɔɔ phɔɔ (ガードマン)とも呼ぶ

□ 468 名 ประตู
pra tuu ドア、門
★p, t は息を抑える／uu は口を突き出す

□ 469 名 ไฟ
fay 電気、火
★f は下唇を軽くかむ
メモ 「電気」は正確には fayfáa

□ 470 名 หน้าต่าง
nâa tàaŋ 窓
★t は息を抑える／ŋ はンゲの感じで

□ 471 名 วันหยุด
wan yùt 休日 暦 ▶P.143
★n, t は舌先を上歯茎に
メモ wan<日>+yùt<休む>
関連語 wan thammadaa 平日

□ 472 名 สวนสาธารณะ
sǔan sǎa thaa ra náʔ 公園
★u は口を突き出す
メモ sǔan<park>+sǎathaaranáʔ<公共の>

473 名 ทีวี
thii wii
テレビ

メモ ＜[英]TV＞
thoorathát とも言う

474 動 ตื่น
tùɯɯn
起きる、目覚める

★ ɯɯ はイの口でウー／n は舌先を上歯茎に
関連語 nɔɔn 寝る／làp 眠る

475 動 อ่าน
ʔàan
読む

★ n は舌先を上歯茎に
関連語 khǐan 書く

476 動 ซักผ้า
sák phâa
洗濯する

★ k はクと言う感じで／ph は息を強く
メモ sák＜洗濯する＞+phâa＜布＞
関連語 khrûaŋ sák phâa 洗濯機

477 動 รีดผ้า
rîit phâa
アイロンをかける

★ t は舌先を上歯茎に／ph は息を強く
メモ rîit＜アイロンをかける＞+phâa＜布＞
関連語 taw rîit アイロン

478 動 ทำความสะอาด
tham khwaam sa ʔàat
掃除する

★ m は口を閉じる
メモ tham＜作る＞+khwaam saʔàat＜清潔＞

479 動 ล้างจาน
láaŋ caan
皿を洗う

★ ŋ はンゲの感じで／n は舌先を上歯茎に
メモ láaŋ＜洗う＞+caan＜皿＞

480 動 ทิ้งขยะ
thíŋ kha yàʔ
ごみを捨てる

★ ŋ はンゲの感じで
メモ thíŋ＜捨てる＞+khayàʔ＜ごみ＞

481 動 ตัดผม
tàt phǒm 髪を切る
★ t は舌先を上歯茎に／m は口を閉じる　[メモ] tàt<切る>+phǒm<髪>

482 動 เดินเล่น
dəən lên 散歩する
★ əə は半開きでウー／n は舌先を上歯茎に　[メモ] dəən<歩く>+lên<遊ぶ>

483 動 ออกกำลังกาย
ʔɔ̀ɔk kam laŋ kaay 運動する
★ ɔɔ はアの口でオー　[メモ] ʔɔ̀ɔk<出す>+kamlaŋ<力>+kaay<身体>

484 動 ว่ายน้ำ
wâay náam 泳ぐ
★ m は口を閉じる　[メモ] wâay<泳ぐ>+náam<水>

485 動 อาบน้ำ
ʔàap náam 入浴する
★ p, m は口を閉じる　[メモ] ʔàap<浴びる>+náam<水>

486 動 นอน
nɔɔn 寝る
★ ɔɔ はアの口でオ／n は舌先を上歯茎に　[関連語] khâw nɔɔn 床に入る／làp 眠る

487 動 แลกเงิน
lɛ̂ɛk ŋən 両替する
★ ɛɛ はアの口でエ／ŋ はンゲの感じで　[メモ] lɛ̂ɛk<交換する>+ŋən<お金>

488 動 กดเอทีเอ็ม
kòt ʔee thii ʔem ATMでお金を下ろす
★ k は息を抑える／t は舌先を上歯茎に　[メモ] kòt<押す>+ʔee thii ʔem<ATM>
[関連語] fàak/thɔ̌ɔn ŋən お金を預ける/下ろす

□ 489 [動] จ่าย

càay
支払う

★c は息を抑える

□ 490 [動] ซ่อม

sɔ̂ɔm
修理する

★ɔ はアの口でオ　　[関連語] châŋ 修理工

□ 491 [動] เปิด

pəət
（電気、電化製品を）つける

[メモ] 別訳「開ける、開く」
★əə は半開きでウー／t は舌先を上歯茎に　[関連語] pit 消す、閉める

□ 492 [修] เมื่อกี้นี้

mɯ̂a kíi níi
さっき

★ɯ はイの口でウ

□ 493 [修] ทุกวัน

thúk wan
毎日

★u は口を突き出す／n は舌先を上歯茎に　[メモ] thúk <毎>+wan<日>

□ 494 [修] บ่อย

～ bɔ̀y
しばしば～、頻繁に～

★ɔ はアの口でオ

□ 495 [修] ไม่...เลย

mây ～ ləəy
全然～でない

★əə は半開きでウー　　[文法] mây+動詞/形容詞+ləəy

□ 496 [助動] เพิ่ง

phə̂ŋ ～
～したばかり

★ə は半開きでウ／ŋ はングの感じで　[文法] phə̂ŋ+動詞

1 さっき起きたばかりです。 男　เพิ่งตื่นเมื่อกี้นี้ครับ

phə̂ŋ tɯ̀ɯɯn mɯ̂akíiníi khráp

したばかり + 起きる +　　さっき　　+ 丁寧語（男）

「〜したばかりです」は 主語 + phə̂ŋ + 動詞 の順です。

2 昨日はタイ語の勉強をしなかった。 女　เมื่อวานไม่ได้เรียนภาษาไทยค่ะ

mɯ̂awaan mây dây rian phaasǎa thay khâ?

　昨日　　+ 〜しなかった + 勉強する +　　タイ語　　+ 丁寧語（女）

3 毎日運動します。 男　ออกกำลังกายทุกวันครับ

ʔɔ̀ɔk kamlaŋkaay thúk wan khráp

　　運動する　　　　+　　毎日　+ 丁寧語（男）

4 よく公園に散歩をしに行きます。 女　ไปเดินเล่นที่สวนสาธารณะบ่อยค่ะ

pay dəən lên thîi sǔan sǎathaaranáʔ bɔ̀y khâ?

行く +　散歩する　+〜に+　　　公園　　　+ しばしば + 丁寧語（女）

5 日曜日は、私は自分で洗濯をします。 男　วันอาทิตย์ผมซักผ้าเองครับ

wan ʔaathít phǒm sák phâa ʔeeŋ khráp

　日曜日　　+　　私　　+　洗濯する　+ 自分で + 丁寧語（男）

6 両替をしに行かなければなりません。 女　ต้องไปแลกเงินค่ะ

tôŋ　　　pay lɛ̂ɛk ŋən　khâ?

しなければならない + 行く +　両替する　+ 丁寧語（女）

7 明日は家にいて、どこにも行きません。 男 　พรุ่งนี้จะอยู่บ้านไม่ไปไหนครับ

phrûŋníi ca yùu bâan, mây pay năy khráp

明日　+（未来）+ いる + 家,　　～ない + 行く + どこ + 丁寧語（男）

---

8 部屋を掃除してください。 女 　ช่วยทำความสะอาดห้องหน่อยค่ะ

chûay tham khwaamsaʔàat hôŋ nɔ̀y khâ?

してください +　　　　掃除する　　　　+ 部屋　+ 丁寧語（女）

---

9 ごみを捨ててください。 男 　ช่วยทิ้งขยะหน่อยครับ

chûay thíŋ khayà? nɔ̀y khráp

してください + ごみを捨てる　　 + 丁寧語（男）

---

10 電気を消してください。 女 　ช่วยปิดไฟหน่อยค่ะ

chûay pìt fay nɔ̀y khâ?

してください + 消す + 電気　　　 + 丁寧語（女）

---

11 エアコンが全然涼しくありません。 男 　แอร์ไม่เย็นเลยครับ

ʔɛɛ mây yen ləəy khráp

エアコン + 全く～ない + 涼しい　　　 + 丁寧語（男）

「全く～でない」は mây ～ ləəy で言います。

---

12 修理工を修理によこしてください。 女 　ช่วยเรียกช่างมาซ่อมหน่อยค่ะ

chûay rîak châaŋ maa sɔ̂m nɔ̀y khâ?

してください + 呼ぶ + 修理工 + 来る + 修理する　　 + 丁寧語（女）

12. トラブル・病気——パスポートがなくなりました

□ 497 [名] พาสปอร์ต
pháas pɔ̀ɔt パスポート
> [メモ] ＜[英] passport＞
> náŋsɯ̌ɯ dəənthaaŋ（書き言葉）

□ 498 [名] กล้องถ่ายรูป
klɔ̂ŋ thàay rûup カメラ
★k は息を抑える／ŋ はンゲの感じで
> [メモ] klɔ̂ŋ＜カメラ＞+thàay＜撮る＞+rûup＜写真＞

□ 499 [名] สถานีตำรวจ
sa thǎa nii tam rùat 警察署
★t は息を抑える／u は口を突き出す
> [メモ] sathǎanii＜station＞+tamrùat＜警察＞

□ 500 [名] สถานทูต
sa thǎan thûut 大使館
★uu は口を突き出す／t は舌先を上歯茎に
> [関連語] sathǎanthûut yîipùn 日本大使館

□ 501 [名] โรงพยาบาล
rooŋ pha yaa baan 病院
★ŋ はンゲの感じで／n は舌先を上歯茎に
> [メモ] rooŋ＜建物＞+ phayaabaan＜看護する＞
> [関連語] khlinìk クリニック

□ 502 [動][名] ขโมย
kha mooy 盗む、泥棒
★kh は息を強く／oo は口を突き出す

□ 503 [動] หาย
hǎay なくなる、治る

□ 504 [動] ช่วยด้วย
chûay dûay 助けて！
★u は口を突き出す

505 動 เจออุบัติเหตุ
cəə ʔu bàt ti hèet 事故にあう
★əə は半開きでウー

メモ cəə<あう>+ʔubàttihèet <事故>

506 動 แจ้งความ
cɛ̂ɛŋ khwaam 通報する
★c は息を抑える／m は口を閉じる

メモ cɛ̂ɛŋ<通知する>+ khwaam <事実>

507 動 พาไป
phaa pay 連れて行く
★ph は息を強く／p は息を抑える

メモ phaa<連れる>+ pay<行く>
文法 「～を連れて行く」phaa + 人 + pay

508 動 เข้าโรงพยาบาล
khâw rooŋ pha yaa baan 入院する
★kh は息を強く

メモ khâw<入る>+rooŋ phayaabaan<病院>

---

509 修 อันตราย
ʔan ta raay 危ない
★t は息を抑える

関連語 plɔ̀ɔtphay 安全な

510 修 รีบ
rîip 急ぐ
★p は口を閉じる

文法 「急いで～する」rîip+動詞

511 修 ดีกว่า
～ dii kwàa ～の方がいい
★k は息を抑える

メモ dii<良い>+kwàa<より～>

512 助動 ถูก
thùuk ～ ～される
★th は息を強く／k はクと言う感じで

文法 「AがBに～される」A + thùuk+ B+動詞
被害を表す受け身

513 名 ไข้
khây
熱　体・健康 ▶P.142

★kh は息を強く

関連語 mii khây 熱がある

514 名 ท้อง
thɔ́ɔŋ
おなか

★ɔɔ はアの口でオー／ŋ はンゲの感じで

515 名 คอ
khɔɔ
喉、首

★ɔɔ はアの口でオー

516 名 ครั้ง
～ khráŋ
～回

★kh は息を強く／ŋ はンゲの感じで

文法 数詞+khráŋ

517 代 ที่
thîi ～
～するところの（関係代名詞）

★th は息を強く

文法 先行詞 + thîi ～

518 動 ปวด
pùat
（内的に）痛い

文法 pùat + 痛む箇所　腹痛や頭痛など内部からの痛み
関連語 pùat hǔa 頭が痛い

★p は息を抑える／u は口を突き出す

519 動 เจ็บ
cèp
（外的に）痛い

文法 cèp + 痛む箇所　ぶつけたり外傷など外部の痛み
関連語 cèp khɔɔ 喉が痛い

★c は息を抑える／p は口を閉じる

520 動 เพลีย
phlia
疲労する、だるい

★ph は息を強く

- [ ] 521 【動】 ท้องเสีย
thɔ́ɔŋ sǐa
おなかを壊す

★ɔɔ はアの口でオー／ŋ はンｸﾞの感じで 　|メモ| thɔ́ɔŋ<おなか>+sǐa<壊れる>

- [ ] 522 【動】 เป็นหวัด
pen wàt
風邪をひく

★n, t は口を閉じずに舌先を上歯茎に

- [ ] 523 【動】 พักผ่อน
phák phɔ̀ɔn
休養を取る

★k はクという感じで／n は舌先を上歯茎に

- [ ] 524 【動】 ได้ยินว่า
dây yin wâa 〜
〜と聞いた

|メモ| dâyyin<聞こえる>+wâa<〜と>

- [ ] 525 【修】 ไม่สบาย
mây sa baay
体調が悪い

|メモ| mây<〜ない>+sabaay<心地いい>

- [ ] 526 【前】 ก่อน
kɔ̀ɔn 〜
〜の前に

★k は息を抑える／n は舌先を上歯茎に 　|文法| kɔ̀ɔn+名詞　時間や順序を表す

- [ ] 527 【前】 หลัง
lăŋ 〜
〜の後

|文法| lăŋ +名詞　時間や順序を表す

- [ ] 528 เป็นอะไร
pen ʔaray
どうしましたか？

★n は口を閉じずに舌先を上歯茎に

1 車に気を付けて。 男 ระวังรถครับ

rawaŋ rót khráp

気を付ける ＋ 車 ＋ 丁寧語（男）

---

2 財布を盗まれました。 女 ถูกขโมยกระเป๋าสตางค์ค่ะ

thùuk khamooy krapăw sataaŋ khâ?

される ＋ 盗む ＋ 財布 ＋ 丁寧語（女）

被害性のある受身「AがBに～される」は A＋thùuk＋B＋動詞 です。

---

3 パスポートがなくなりました。 男 พาสปอร์ตหายครับ

pháaspɔ̀ɔt hăay khráp

パスポート ＋なくなる＋ 丁寧語（男）

---

4 はやく通報した方がいいです。 女 รีบแจ้งความดีกว่าค่ะ

rîip cêɛŋ khwaam dii kwàa khâ?

急ぐ ＋ 通報する ＋ ～の方がいい ＋ 丁寧語（女）

「～する方がいい」は 動詞（句）＋dii kwàa で言います。

---

5 警察署に連れて行ってください。 男 ช่วยพาไปสถานีตำรวจหน่อยครับ

chûay phaa pay sathăanii tamrùat nɔ̀y khráp

してください＋ 連れて行く ＋ 警察署 ＋ 丁寧語（男）

---

6 大使館に連絡してください。 女 ช่วยติดต่อสถานทูตหน่อยค่ะ

chûay tìttɔ̀ɔ sathăanthûut nɔ̀y khâ?

してください＋ 連絡する ＋ 大使館 ＋ 丁寧語（女）

7 日本語を話せる人はいますか？ 男 มีคนที่พูดภาษาญี่ปุ่นได้ไหมครับ

mii khon thîi phûut phaasăa yîipùn dâay máy khráp

いる ＋ 人 ＋（関係詞）＋ 話す ＋　　　日本語　　　＋できる＋ますか＋丁寧語（男）

関係代名詞「〜するところの…」は 先行詞 ＋ thîi ＋ 修飾する言葉 の順に言います。この文では「日本語を話せる人」に関係代名詞 thîi を用います。「人 ＋ thîi ＋ 日本語を話せる」としします。

8 薬を1日3回飲みます。 女 ทานยาวันละ 3 ครั้งค่ะ

thaan yaa wan láʔ săam khráŋ khâʔ

飲む ＋ 薬 ＋ 日 ＋〜につき＋ 3 ＋ 回 ＋丁寧語（女）

9 食後に薬を飲みます。 男 ทานยาหลังอาหารครับ

thaan yaa lăŋ ʔaahăan khráp

飲む ＋ 薬 ＋〜の後に＋ 食事 ＋丁寧語（男）

「〜の後に」は lăŋ ＋ 名詞 の順です。

10 友人が入院したと聞きました。 女 ได้ยินว่าเพื่อนเข้าโรงพยาบาลค่ะ

dâyyin wâa phɯ̂an khâw rooŋphayaabaan khâʔ

〜と聞いた ＋ 友人 ＋ 入院する ＋丁寧語（女）

「〜と聞きました」は dâyyin wâa ＋ 内容 で言います。

11 いっぱい休養を取ってくださいね。 男 พักผ่อนเยอะๆนะครับ

phákphɔ̀ɔn yɤ́ʔ yɤ́ʔ náʔ khráp

休養を取る ＋ いっぱい ＋ 〜ね ＋丁寧語（男）

12 早く治ってくださいね。 女 หายเร็วๆนะคะ

hăay rewrew náʔ kháʔ

治る ＋ 早く ＋〜ね ＋丁寧語（女）

1. 単位・計算

tua lêek	数字	cùt	(小数) 点
ʔoŋsǎa	度 (温度、角度)	thâw	～倍
minliméet	ミリメートル	sentiméet	センチメートル
méet	メートル	kiloméet	キロメートル
taaraaŋ méet	平方メートル	taaraaŋ kiloméet	平方キロメートル
taaraaŋ waa	タランワー (4平方メートル)	rây	ライ (1600平方メートル)
níw	インチ	lǎa	ヤード
sii sii	cc (ミリリットル)	lít	リットル
kram	グラム	khìit	100グラム
kilookram	キログラム	tan	トン
lǒo	ダース	yen	円
bàat	バーツ	sataaŋ	サタン (1/100バーツ)

2. 加減乗除

「足す」「引く」「掛ける」「割る」はそれぞれ、bùak, lóp, khuun, hǎan,「イコール」は thâw kàp です。

「2＋2＝4」

    sɔ̌ɔŋ   bùak   sɔ̌ɔŋ   thâw kàp   sìi
     2   足す   2   イコール   4

「4－2＝2」

    sìi   lóp   sɔ̌ɔŋ   thâw kàp   sɔ̌ɔŋ
     4   引く   2   イコール   2

「3×5＝15」

    sǎam   khuun   hâa   thâw kàp   sìp hâa
     3   掛ける   5   イコール   15

「10÷2＝5」

    sìp   hǎan   sɔ̌ɔŋ   thâw kàp   hâa
     10   割る   2   イコール   5

付　録

- 数の表し方（p.28） **16**
- 時間の言い方（p.63） **30**
- 単位・計算／加減乗除（p.122）
- 発音練習　**50** － **51**
- 便利な表現
- 形容詞
- 動詞
- 衣類・装飾品
- 色・柄
- 身の回りのもの
- 職業
- 家族・親戚
- 食事
- 調理法・調味料
- 味
- タイ料理
- 飲み物
- デザート・菓子

- 食材
- 果物
- 自然・動物
- 場所
- タイ国内の地名
- バンコク近郊の名所
  ・ショッピングスポット
- 国・地域
- スポーツ・伝統文化
- 体・健康
- 暦
- 季節・年月日
- 位置・方角
- 前置詞
- 接続詞

- タイ語ミニ文法

※数字は、CDのトラック番号です／番号の振られていないものは、CDには収録されていません

発音練習

単語を覚えれば覚えるほど、似たような発音の単語が多いと感じることでしょう。近い発音の単語をここで一度整理してみましょう。母音、頭子音の無気音・有気音、末子音、声調を意識して練習してください。

CD 50

1
- khɔ̌ɔ ～を下さい
- kɔ̂ɔ ～も

2
- rian 勉強する
- líaŋ ごちそうする

3
- cèt 7
- cèp 痛む

4
- yuŋ 蚊
- yûŋ 忙しい

5
- wǎan 甘い
- wâaŋ 暇な

6
- thúk 毎～
- thùuk 安い

7
- rew 速い
- lɛ́ɛw もう～した

8
- kwàa より～（比較）
- khwǎa 右

9
- khǎay 売る
- khày 卵
- kày 鶏

10
- phèt 辛い
- pèt ダック
- pɛ̀ɛt 8

11
- khâw 入る
- kháw 彼
- kaw 掻く

12
- khǎaw 白
- khàaw ニュース
- khâaw ご飯
- kâaw 9

13 | khray 誰 | klay 遠い | klây 近い | khláay 似ている

14 | mây 〜ない | máy 〜ですか？ | mày 新しい | mǎy シルク

15 | yaa 薬 | yàa 〜しないで | yàak 〜したい | yâak 難しい

16 | sǔun 0 | sɔ̌ɔn 教える | sɔ̌ɔŋ 2 | sòŋ 送る

17 | tùɯn 起きる | dùɯm 飲む | dəən 歩く | duu 見る

18 | chây そうです | cháy 使う | cay 心 | càay 支払う

19 | tham する、作る | than 間に合う | thaan 食べる | thaaŋ 道 | thǎam 尋ねる

20 | khun あなた | khon 人 | khoŋ きっと〜 | khɔ̌ɔŋ 物、〜の… | kɔ̀ɔn 〜の前、まず〜

便利な表現

● 出会い・別れ……………………

yindii thîi dây rúucàk	お会いできてうれしいです
chên kan	こちらこそ
sabaay dii rɯ̌ɯ	元気ですか？
sabaay dii	元気です
rûay rûay	ぼちぼちです
khɔ̌ɔ tua kɔ̀ɔn náʔ	お先に失礼します
lɛ́ɛw cəə kan	じゃあ、また後で
sûu sûu náʔ	頑張ってね
yàa lɯɯm tìttɔ̀ɔ maa náʔ	連絡してくるのを忘れないでね
dəənthaaŋ dii dii náʔ	道中気を付けて

● 気遣う……………………

chəən	どうぞ
rɔɔ dǐaw	ちょっと待ってください
rɔɔ sákkhrûu	少々お待ちください
taam sabaay	ご自由に
mây tôŋ kreeŋcay	遠慮しないで
mây mii panhǎa	問題ないです
mây tôŋ khít mâak	あまり思い詰めないで
thamcay dii dii wáy	気をしっかり持って
khêmkhɛ̌ŋ wáy náʔ	元気を出して
yindii	喜んで
duulɛɛ sùkkhaphâap náʔ	体に気を付けて
fàak sawàtdii dûay	よろしく伝えてください

● お祝い・お悔やみ……………………

(khɔ̌ɔ sadɛɛŋ khwaam)yindii dûay	おめでとう（ございます）
sawàtdii pii mày	新年おめでとう
sùksǎn wan kə̀ət	誕生日おめでとう
khɔ̌ɔ hây mii khwaamsùk	お幸せに
sǐacay dûay	残念だったね
khɔ̌ɔ sadɛɛŋ khwaamsǐacay dûay	お悔やみ申し上げます

● 確認・応答……………………

plɛɛ wâa ʔaray	どういう意味ですか？
faŋ mây than	（速くて）聞き取れませんでした
mây dâyyin	聞こえません
plàaw	何でもありません
chây máy	そうでしょう？
dâay máy	いいですか？（許可）
dâay	いいです
mây dâay	駄目です
ciŋ rɯ̌ɯ	本当？
ciŋ ciŋ	本当です
ciŋ dûay	確かにそうですね
khít wâa náʔ	そう思います
ʔookhee	ＯＫ！
nɛ̂ɛnɔɔn	もちろん！
hěn dûay	賛成です
míʔ nâa lâʔ	どうりで
pen pay mây dâay	ありえません
chûay mây dâay	仕方ありません

●気分・感嘆……………………

sabaay	心地いい…
sanùk dii	楽しい！
khǎm	笑える…、おかしい
kèŋ	上手！
yɛ̂ɛ lɛ́ɛw	大変だ！
sùt yɔ̂ɔt	すごい！
ʔúy tòkcay	わぁ、びっくりした！
chayyoo	バンザーイ！
chôok dii	ラッキー！
klûmcay	困った！
phlɤ̌ə pay	うっかりした！

形容詞

rɔ́ɔn	暑い、熱い	nǎaw	寒い
ʔùn	暖かい、温かい	yen	涼しい、冷たい
dii	良い	mây dii	悪い
ʔarɔ̀y	おいしい	mây ʔarɔ̀y	まずい
hǐw	空腹の	ʔìm	満腹の
klay	遠い	klây	近い
phɛɛŋ	（値段が）高い	thùuk	安い
rew	速い	cháa	遅い
yày	大きい	lék	小さい
mâak	多い	nɔ́ɔy	少ない
mày	新しい	kàw	古い
yaaw	長い	sân	短い
nàk	重い	baw	軽い
sǔuŋ	高い	tîa	低い
kwâaŋ	広い	khɛ̂ɛp	狭い
thùuk	正しい	phìt	間違った
yûŋ	忙しい	wâaŋ	暇な、空いている
yâak	難しい	ŋâay	簡単な
sawàaŋ	明るい	mûɯt	暗い
saʔàat	清潔な	sòkkapròk	汚い
hɔ̌ɔm	香りのいい	měn	臭い
nùm / sǎaw	若い（男/女）	kɛ̀ɛ	年寄りの
sǔay	美しい	khîirèe	醜い
nâa rák	かわいい	rûup lɔ̀ɔ	ハンサムな
ʔûan	太っている	phɔ̌ɔm	痩せている
ruay	金持ちの	con	貧乏な
khayǎn	勤勉な	khîi kìat	怠惰な
cay rɔ́ɔn	せっかちな	cay yen	冷静な
kèŋ	上手な	sadùak	便利な、都合よい
sanùk	楽しい	sabaay	快適な
ŋûaŋ	眠い	nùay	疲れた

動詞

pay	行く	maa	来る
mii	(存在) ある、いる、持つ	yùu	(所在) ある、いる、住む
khɯ̂n	乗る、上がる	loŋ	降りる、下がる
khâw	入る	ʔɔ̀ɔk	出る
thɯ̌ŋ	着く	klàp	帰る
yɯɯn	立つ	nâŋ	座る
dəən	歩く	wîŋ	走る
ʔàan	読む	khǐan	書く
phûut	話す (speak)	bɔ̀ɔk	言う (tell)、伝える
khuy	しゃべる (talk)	ʔathíbaay	説明する
faŋ	聞く	dâyyin	聞こえる
duu	見る	hěn	見える
thǎam	尋ねる	tɔ̀ɔp	答える
sâap / rúu	分かる	rúucàk	知っている
khâwcay	理解する	khít	考える、思う
rúusɯ̀k	感じる	tàtsǐn cay	決心する
cam	覚える	lɯɯm	忘れる
chɔ̂ɔp	好きである	yàak dâay	欲しい、手に入れたい
tɯ̀ɯn	起きる	nɔɔn	寝る
thaan / kin	食べる、飲む	dɯ̀ɯm	飲む
tham	する、作る	sèt	終わる
tham ŋaan	働く	phák	休憩する、泊まる
rian	勉強する	sɔ̌ɔn	教える
ráp	受ける、迎える	sòŋ	送る
pə̀ət	開ける、つける	pìt	閉める、消す
rə̂əm	始める、始まる	lə̂ək	やめる、終了する
sɯ́ɯ	買う	khǎay	売る
hây	与える	dây ráp	もらう、受け取る
ʔaw	要る、取る	kèp	片付ける、拾う
hǎa	探す	phóp / cəə	会う、見つける
rîak	呼ぶ	rɔɔ	待つ

タイ語	意味	タイ語	意味
nát	会う約束をする	sǎnyaa	約束する
chûay	手伝う	cháy	使う
thoo(rasàp)	電話する	tìt tɔ̀ɔ	連絡する
cɔɔŋ	予約する	sàŋ	注文する
plìan	変える、変更する	yók lə̂ək	キャンセルする
sày	着る、入れる	thɔ̀ɔt	脱ぐ
chuan	誘う	tɛ̀ŋŋaan	結婚する
lên	遊ぶ	thîaw	観光する
lɔɔŋ	試す	chim	味見する
triam	用意する	fàak	預ける
yɯɯm	借りる	khɯɯn	返す
diicay	喜ぶ	sǐacay	悲しむ
tòkcay	驚く	moohǒo	怒る
hǔarɔ́ʔ	笑う	rɔ́ɔŋhây	泣く
láaŋ nâa	顔を洗う	prɛɛŋ fan	歯を磨く
tɛ̀ŋtua	身支度する	tham khwaam saʔàat	掃除する
sák phâa	洗濯する	rîit phâa	アイロンをかける
rɔ́ɔŋ phleeŋ	歌を歌う	wâat rûup	絵を描く
thàay rûup	写真を撮る	ʔɔ̀ɔk càak bâan	家を出る
lɛ̂ɛk ŋən	両替する	sɯ́ɯ khɔ̌ɔŋ	買い物する
tàt phǒm	散髪する	khàp rót	車を運転する
pay hǎa phɯ̂an	友達を訪ねる	khuy kàp phɯ̂an	友達としゃべる
ʔɔ̀ɔk kamlaŋ kaay	運動する	dəən lên	散歩する
pay thîaw	遊びに行く	duu nǎŋ	映画を見る
tham ʔaahǎan	料理を作る	klàp bâan	家に帰る
láaŋ caan	皿を洗う	kin khâaw	ご飯を食べる
tham kaanbâan	宿題をする	sùup burìi	たばこを吸う
ʔàap náam	入浴する	lên khɔmphíwtə̂ə	パソコンをする
khâw nɔɔn	床に入る	thoo pay hǎa ~	~に電話する
pay ráp ~	~を迎えに行く	pay sòŋ ~	~を送りに行く
ʔaw ~ pay	~を持って行く	phaa ~ pay	~を連れて行く

衣類・装飾品

sŭua phâa	衣類	sûua	上衣、シャツ
sûua chə̀ət	シャツ、ブラウス	sûua yûɯɯt	Tシャツ
sûua tua nɔ̂ɔk	上着	sùut	スーツ
kaaŋkeeŋ	ズボン	kaaŋkeeŋ yiin	ジーパン
kraprooŋ	スカート	wan phíis	ワンピース
sûua chán nay	下着	kaaŋkeeŋ nay	パンツ
chút wâay náam	水着	thŭŋ tháaw	靴下
chút nɔɔn	寝間着	rɔɔŋ tháaw	靴
nékthay	ネクタイ	rɔɔŋ tháaw tɛ̀ʔ	サンダル
khĕm khàt	ベルト	mùak	帽子
wêntaa	眼鏡	wêntaa kan dὲὲt	サングラス
naalikaa	時計	wɛ̌ɛn	指輪
sôy khɔɔ	ネックレス	tûm hŭu	ピアス
khĕm klàt	ブローチ	phâa phan khɔɔ	スカーフ

色・柄

sĭi	色	sĭi dɛɛŋ	赤色
sĭi chomphuu	ピンク色	sĭi mûaŋ	紫色
sĭi fáa	水色	sĭi nám ŋən	青色
sĭi krommathâa	紺色	sĭi khĭaw	緑色
sĭi lŭaŋ	黄色	sĭi sôm	オレンジ色
sĭi námtaan	茶色	sĭi dam	黒色
sĭi thaw	灰色	sĭi khăaw	白色
sĭi thɔɔŋ	金色	sĭi ŋən	銀色
sĭi khêm	濃い色	sĭi ʔɔ̀ɔn	薄い色
sĭi phɯ́ɯn	無地	laay thaaŋ	ストライプ柄
laay khwăaŋ	ボーダー柄	laay cùt	水玉
laay sakót	チェック	laay dɔ̀ɔk	花柄
chùutchàat	派手な	rîaprîap	落ち着いた

身の回りのもの

krapǎw	かばん	mɯɯthɯ̌ɯ	携帯電話
krapǎw sataaŋ	財布	rôm	傘
kuncɛɛ	鍵	ŋən	お金
phâa chét nâa	ハンカチ	kradàat thítchûu	ティッシュ
burìi	たばこ	faychɛ́k	ライター
thîi khìa burìi	灰皿	sabùu	せっけん
prɛɛŋ sǐi fan	歯ブラシ	yaa sǐi fan	歯磨き粉
chɛmphuu	シャンプー	khriim nûat phǒm	リンス
phâa khǒn nǔu	タオル	phâa chét tua	バスタオル
day pàw phǒm	ドライヤー	kradàat chamráʔ	トイレットペーパー
wǐi	くし	mîit koon	カミソリ
kankray tàt lép	爪切り	khrɯ̂aŋ sǎmʔaaŋ	化粧品
khrɯ̂aŋ cháy fayfáa	電化製品	klɔ̂ŋ thàay rûup	カメラ
ʔɛɛ	エアコン	phát lom	扇風機
tûu yen	冷蔵庫	maykhroowéep	電子レンジ
mɔ̂ɔ hǔŋ khâaw	炊飯器	plák fay	コンセント
thoorathát / thiiwii	テレビ	khrɯ̂aŋ len diiwiidii	DVD プレーヤー
khrɯ̂aŋ sák phâa	洗濯機	taw rîit	アイロン
khɔmphíwtə̂ə	コンピューター	príntə̂ə	プリンター
thoorasàp	電話	fɛ́k	ファクス
bèttəərîi	バッテリー	thàan fay chǎay	電池
pratuu	ドア	tóʔ	机、テーブル
kâwʔîi	椅子	thǎŋ khàyàʔ	ごみ箱
náŋsɯ̌ɯ	本	náŋsɯ̌ɯ phim	新聞
níttayasǎan	雑誌	phɛ̌ɛnthîi	地図
phótcanaanúkrom / dìk	辞書	khrɯ̂aŋ khǐan	文房具
pàakkaa	ペン	dinsɔ̌ɔ	鉛筆
dinsɔ̌ɔ kòt	シャープペンシル	yaaŋ lóp	消しゴム
samùt	ノート	máay banthát	定規
kankray	はさみ	thîi yép kradàat / mɛ́k	ホチキス
kaaw	のり	sakɔ́t théep	セロテープ

職業

tamrùat	警察官	thahǎan	軍人
mɔ̌ɔ	医者	phayaabaan	看護師
nák thúrákìt	実業家	thanaay khwaam	弁護士
phanákŋaan bɔɔrisàt	会社員、社員	thîi prùksǎa	コンサルタント
prathaan bɔɔrisàt	社長	leekhǎa(núkaan)	秘書
phûu càtkaan	マネージャー	lâam	通訳
wítsawákɔɔn	エンジニア	samǐan	事務員
hǔanâa	上司	lûuk nɔ́ɔŋ	部下
rûn phîi	先輩	rûn nɔ́ɔŋ	後輩
phûan rûam ŋaan	同僚	khon khàp rót	運転手
yaam /rɔɔ pɔɔ phɔɔ	守衛、警備員	mɛ̂ɛ bâan	主婦、家政婦
kúk	コック	châŋ	修理工
nák kiilaa	スポーツ選手	nák rɔ́ɔŋ	歌手
ʔaacaan / khruu	教師、先生	khâa râatchakaan	公務員
nák rian	生徒	nák sùksǎa	大学生

家族・親戚

khrɔ̂ɔp khrua	家族	yâat	親戚
phɔ̂ɔ	父	mɛ̂ɛ	母
lûuk chaay	息子	lûuk sǎaw	娘
phîi chaay	兄	phîi sǎaw	姉
nɔ́ɔŋ chaay	弟	nɔ́ɔŋ sǎaw	妹
pùu	祖父（父方）	yâa	祖母（父方）
taa	祖父（母方）	yaay	祖母（母方）
luŋ	伯父	pâa	伯母
ʔaa	叔父／叔母（父方）	náa	叔父／叔母（母方）
lûuk phîi lûuk nɔ́ɔŋ	いとこ	lǎan	孫・おい／めい
sǎamii	夫	phanrayaa	妻
fɛɛn	恋人	phûan	友達
phûu yày	大人	dèk	子ども
phûu chaay	男性	phûu yǐŋ	女性

食事

fáasfúut	ファストフード	hɛmbəəkâə	ハンバーガー
frénfraay	フライドポテト	kày thôɔt	フライドチキン
phítsâa	ピザ	sapaakèttîi	スパゲティ
salàt	サラダ	khâaw tôm	お粥（米粒あり）
ʔaahǎan ciin	中華料理	cóok	お粥（米粒なし）
paa thôŋ kǒo	揚げパン	nám tâwhûu	豆乳
saalaapaw	中華まん	khanǒm cìip	シューマイ
tìmsam	飲茶	pèt pàkkìŋ	北京ダック
hǔu chalǎam nám dɛɛŋ	ふかひれスープ	núɯa yâaŋ	焼肉
ʔaahǎan wîatnaam	ベトナム料理	ʔaahǎan kawlǐi	韓国料理
ʔaahǎan ʔittaalîi	イタリア料理	ʔaahǎan fàràŋsèet	フランス料理
ʔaahǎan thalee	海鮮料理	búffêe	ビュッフェ
ʔaahǎan chaaw waŋ	宮廷料理	ʔaahǎan maŋsawirát	ベジタリアン料理

調理法・調味料

tôm	煮る	phàt	炒める
thɔ̂ɔt	揚げる	nûŋ	蒸す
yâaŋ	焼く	lûak	ゆでる
khrûaŋ pruŋ	調味料	nám cîm	たれ
nám taan	砂糖	klɯa	塩
phrík thay	コショウ	phrík pòn	粉唐辛子
nám plaa	ナンプラー	nám sôm sǎaychuu	酢
sɔ́ɔs makhǔathêet	ケチャップ	sɔ́ɔs phrík	チリソース
sɔ́ɔs mɛ́kkîi	シーズニングソース	sɔ́ɔs námman hǒy	オイスターソース
námman	油	phrík	唐辛子

味

wǎan	甘い	khem	塩辛い
phèt	辛い	prîaw	酸っぱい
fàat	渋い	khǒm	苦い
lîan	脂っこい	kamlaŋ dii	ちょうどいい
rót cùɯɯt	味が薄い	rót càt	味が濃い

タイ料理

kɛɛŋ khǐaw wǎan	グリーンカレー
kɛɛŋ phèt dɛɛŋ	レッドカレー
kɛɛŋ cùɯɯt	薄口スープ
tôm yam kûŋ	トムヤムクン
tôm khàa kày	鶏肉のココナツミルク煮
puu phàt phǒŋ karìi	カニのカレー粉炒め
phàt phàk ruammít	野菜炒め
phàt phàkbûŋ fay dɛɛŋ	空芯菜炒め
phàt khanáa	カイラン菜炒め
kày phàt mét mamûaŋ	鶏のカシューナッツ炒め
thɔ̂ɔt man plaa	タイ風さつま揚げ
thɔ̂ɔt man kûŋ	エビすり身揚げ
yam wúnsên	春雨のスパイシー和え
sômtam	青パパイヤのスパイシーサラダ
khɔɔ mǔu yâaŋ	トントロのあぶり焼き
kày yâaŋ	鶏のあぶり焼き
lâap kày	鶏のラープ
khày ciaw	タイ式卵焼き
khâaw phàt	チャーハン
khâaw man kày	カオマンガイ（鶏の炊き込みご飯）
khâaw phàt kaphraw kày	鶏のバジル炒めご飯
khâaw mǔu dɛɛŋ	チャーシューご飯
khâaw khǎa mǔu	豚足ご飯
phàt thay	パッタイ（タイ風焼きそば）
phàt siíʔíw	パットシイウ（太麺醤油炒め）
kǔaytǐaw râat nâa	あんかけクイティアウ
kǔaytǐaw (náam / hɛ̂ɛŋ)	クイティアウ（米の麺）（汁あり／汁なし）
bamìi (náam / hɛ̂ɛŋ)	バミー（中華麺）（汁あり／汁なし）
sukîi	タイスキ（タイ式しゃぶしゃぶ）
khâaw plàaw	ライス
khâaw nǐaw	もち米

飲み物

khrŭaŋ dùɯm	飲み物	nám plàaw	水
chaa fáràŋ	紅茶	chaa malíʔ	ジャスミン茶
chaa khĭaw	緑茶	chaa ciin	中国茶
kék huay	菊花茶	nom sòt	牛乳
kaafɛɛ rɔ́ɔn	ホットコーヒー	kaafɛɛ yen	アイスコーヒー
nám sôm	オレンジジュース	nám mánaaw	ライムジュース
nám mamûaŋ	マンゴージュース	nám tɛɛŋmoo pàn	スイカスムージー
khóok	コーラ	sapráy	スプライト
seewên ʔáp	セブンアップ	khɔ́ktheew	カクテル
lâw	酒	lâw săakee	日本酒
bia sòt	生ビール	wískîi	ウイスキー
waay	ワイン	chɛɛmpeen	シャンパン
lâw khăaw	タイ焼酎	baràndii	ブランデー
nám soodaa	ソーダ水	námkhĕŋ	氷

デザート・菓子

ʔaysakhriim	アイスクリーム
ʔaysakhriim kathíʔ sòt	ココナツミルクアイス
khanŏm khéek	ケーキ
nám khĕŋ săy	かき氷
bua lɔɔy	白玉ココナツ汁粉
khâaw nĭaw mamûaŋ	マンゴーもち米添え
săŋkhayăa fák thɔɔŋ	かぼちゃプリン
khanŏm môɔ kɛɛŋ	タイ風カスタード
thápthim krɔ̀ɔp	くわいのココナツミルクがけ
tâw huay	杏仁豆腐
khanŏm chán	タイ風ういろう
klûay thɔ̂ɔt	揚げバナナ
khanŏm	菓子
lûuk ʔom	あめ
màak fáràŋ	ガム

食材

núa	肉	núa mǔu	豚肉
núa kày	鶏肉	pèt	ダック
núa wua	牛肉	plaa	魚
lûuk chín	すり身団子	kraphɔ́ʔ plaa	魚の浮き袋
plaa dùk	ナマズ	plaa chôn	雷魚
kûŋ	エビ	puu	カニ
plaa mùk	イカ	hɔ̌y	貝
hɔ̌y naaŋrom	カキ	khày	卵
tôn hɔ̌ɔm	ネギ	hɔ̌ɔm yày	タマネギ
hɔ̌ɔm dɛɛŋ	赤小玉ねぎ	fák thɔɔŋ	カボチャ
makhǔa prɔ̀ʔ	丸ナス	makhǔa yaaw	長ナス
makhǔa thêet	トマト	phrík yùak	ピーマン
khâaw phôot	トウモロコシ	tɛɛŋ kwaa	キュウリ
kalàm plii	キャベツ	phàkkàat khǎaw	白菜
phàk khanáa	カイラン菜	phàk bûŋ	空芯菜
hèt hɔ̌ɔm	シイタケ	hèt faaŋ	フクロタケ
hèt hǔu nǔu	キクラゲ	maráʔ	ニガウリ
nɔ̀ɔ máay	タケノコ	nɔ̀ɔ máay fàràŋ	アスパラガス
man fàràŋ	ジャガイモ	man thêet	サツマイモ
hǔa chay tháw	大根	kuycháay	ニラ
thùa ŋɔ̂ɔk	モヤシ	krathiam	ニンニク
thùa	豆	tâwhûu	豆腐
takhráy	レモングラス	bay makrùut	コブミカンの葉
kaphraw	ホーリーバジル	hǒoraphaa	スイートバジル
saranɛ̀ɛ	ミント	phàk chii	香菜、パクチー
khǐŋ	ショウガ	khàa	なんきょう
wúnsên	春雨	sǎakhuu	タピオカ
khâaw sǎan	米（精米）	khâaw klɔ̂ŋ	玄米
khâaw câaw	うるち米	khâaw nǐaw	もち米
sên mìi	極細麺（ビーフン）	sên lék	細麺
sên yày	太麺	pɛ̂ɛŋ khâaw sǎalii	小麦粉

果物

phǒnlamáay	果物	fáràŋ	グアバ
máphráaw	ココナツ	khanǔn	ジャックフルーツ
nɔ́ɔynàa	シュガーアップル	tɛɛŋ moo	スイカ
kɛ̂ɛw maŋkɔɔn	ドラゴンフルーツ	thúrian	ドリアン
sàpparót	パイナップル	klûay	バナナ
malakɔɔ	パパイヤ	ʔaŋùn	ブドウ
sôm ʔoo	ザボン	mamûaŋ	マンゴー
maŋkhút	マンゴスチン	sôm	ミカン
líncìi	ライチ	lamyay	龍眼
ŋɔ́ʔ	ランブータン	chomphûu	ローズアップル
ʔɛ́ppên	リンゴ	satrɔɔbəərîi	イチゴ
makhǎam	タマリンド	sǎwwarót	パッションフルーツ

自然・動物

thalee	海	phuukhǎw	山
nám tòk	滝	mɛ̂ɛ náam	川
tôn máay	木	dɔ̀ɔk máay	花
phrá ʔaathít	太陽	phrá can	月
daaw	星	fáa	空
mêek	雲	lom	風
fǒn	雨	phaayúʔ	嵐
cháaŋ	象	sǔa	虎
khwaay	水牛	máa	馬
liŋ	猿	mɛɛw	猫
mǎa	犬	cɔɔrakhêe	ワニ
ŋuu	蛇	kaa	カラス
nǔu	ネズミ	tàw	亀
cîŋcòk	ヤモリ	túkkɛɛ	トッケイヤモリ
kòp	カエル	plaa thɔɔŋ	金魚
yuŋ	蚊	mót	アリ
malɛɛŋ wan	ハエ	malɛɛŋ sàap	ゴキブリ

場所

bâan	家	khɔndoo (minîam)	コンドミニアム
rooŋ rɛɛm	ホテル	sathăanii (rótfay)	駅
sanăam bin	空港	ráan ʔaahăan	レストラン
hâaŋ (sàpphasĭnkháa)	デパート	súppəə (maakét)	スーパー
talàat	市場	wát	寺
thanaakhaan	銀行	thîi lɛ̂ɛk ŋən	両替所
praysanii	郵便局	sathăanii tamrùat	警察署
rooŋ rian	学校	mahăawítthayaalay	大学
rooŋ phayaabaan	病院	khlinìk	クリニック
sathăanthûut	大使館	ráan khăay yaa	薬屋
bɔɔrisàt	会社	rooŋ ŋaan	工場
sŭan săathaaranáʔ	公園	sanăam kɔ́ɔf	ゴルフ場
sàʔ wâay náam	プール	yim	スポーツジム
sapaa	スパ	ráan nûat phɛ̌ɛn thay	タイ式マッサージ店
ráan tàt phŏm	床屋	ráan sɤ̌ɤm sŭay	美容院
rooŋ năŋ	映画館	ráan ʔintəənèt	インターネットカフェ
ráan rim thanŏn	屋台	khɔ́pfîi chɔ̀p	喫茶店
sŭan sàt	動物園	sŭan sanùk	遊園地
pám námman	ガソリンスタンド	thîi cɔ̀ɔt rót	駐車場

タイ国内の地名

phâak nɯ̌a	北部	phâak ʔiisăan	東北部
phâak klaaŋ	中部	phâak tawan tòk	東部
phâak tawan ʔɔ̀ɔk	西部	phâak tâay	南部
kruŋthêep	バンコク	chiaŋmày	チェンマイ
chiaŋraay	チェンライ	phítsànúlôok	ピサヌローク
sukhŏothay	スコータイ	nákhɔɔn râatchasĭimaa	ナコンラチャシマ
ʔayútthayaa	アユタヤ	rayɔɔŋ	ラヨーン
chonburii	チョンブリ	kaancanáburii	カンチャナブリ
phátthayaa	パッタヤー	hŭahĭn	フアヒン
phuukèt	プーケット	kɔ̀ʔ samŭy	サムイ島

バンコク近郊の名所・ショッピングスポット

wát phrákɛ̂ɛw	エメラルド寺院
wát ʔarun	暁の寺
wát phoo	涅槃寺
phrábɔromma mahăarâatchawaŋ	王宮
sanăam lŭaŋ	王宮前広場
phíphítthaphan hɛ̀ŋ châat	国立博物館
miwsîam sayăam	サイアム博物館
sanăam muay lumphinii	ルンピニーボクシングスタジアム
yawwarâat	ヤオワラート（中華街）
ʔeechiathíik dəʔ riwə̂ə frɔ́n	アジアティーク ザ・リバーフロント
cimthɔmsăn	ジムトンプソン（タイシルク店）
maabunkhrɔɔŋ	MBK センター（ショッピングモール）
sayăam sakhwɛɛ	サイアムスクエア
sayăam phaaraakôn	サイアム・パラゴン
phanthíp phlaasâa	パンティッププラザ（IT ビル）
senthrân wəən (phlaasâa)	セントラルワールドプラザ
ʔemphoorîam	エンポリアム
talàat nát sŭan càtùcàk	チャトゥチャック公園市場
talàat pratuu náam	プラトゥーナーム市場
sŭan lumphinii	ルンピニ公園
thanŏn sukhŭmwít	スクムヴィット通り
thanŏn sĭilom	シーロム通り
thanŏn phráraam sìi	ラーマ 4 世通り
ʔanúsăawarii prachaathíppatay	民主記念塔
sŭan săam phraan	ローズガーデン
sɔɔy thɔɔŋlɔ́ɔ	ソーイ・トーンロー（スクムヴィット５５）
sɔɔy ʔasòok	ソーイ・アソーク
faam cɔɔrakhêe	ワニ園
phrá phathŏm ceedii	プラパトムチェディー
talàat náam damnəən sadùak	ダムヌンサドゥアック水上市場

国・地域

yîipùn	日本	mɯaŋ thay	タイ
laaw	ラオス	kamphuuchaa	カンボジア
phamâa	ミャンマー	wîatnaam	ベトナム
maaleesia	マレーシア	sĭŋkhapoo	シンガポール
filíppin	フィリピン	ʔindooniisia	インドネシア
ʔindia	インド	rátsia	ロシア
kawlĭi	韓国	mɯaŋ ciin	中国
hôŋkoŋ	香港	tâywǎn	台湾
ʔaŋkrit	イギリス	ʔittaalĭi	イタリア
yəəraman	ドイツ	fáràŋsèet	フランス
sapeen	スペイン	khɛɛnaadaa	カナダ
ʔameerikaa	アメリカ	ʔɛ́ffrikaa	アフリカ
yúròop	ヨーロッパ	ʔeechia	アジア
ʔeechia ʔaakhanee	東南アジア	tàaŋ prathêet	外国

スポーツ・伝統文化

kiilaa	スポーツ	lên	(スポーツ・楽器演奏を)する
fútbɔɔn	サッカー	wɔnlêebɔɔn	バレーボール
béesbɔɔn	野球	kɔ́ɔf	ゴルフ
piŋpɔŋ	卓球	bètmintân	バドミントン
thennít	テニス	báaskétbɔɔn	バスケットボール
sakét	スケート	sakii	スキー
sanoobɔ̀ɔt	スノーボード	maaraathɔɔn	マラソン
takrɔ̂ɔ	セパタクロー	wâay náam	泳ぐ
muay thay	タイボクシング	dontrii thay	タイ伝統音楽
ram thay	タイ舞踊	khŏon	タイ仮面舞踏劇
nûat phɛ̌ɛn thay	タイ式マッサージ	ruuusĭi dàt ton	ルーシーダットン
ʔaahǎan thay	タイ料理	kɛ̀ʔsalàk phàk lɛʔ phŏnlamáay	果物・野菜のカービング
phútthasàatsanǎa	仏教	tham bun	徳を積む
phráphúttharûup	仏像	tàk bàat	(托鉢僧に)喜捨する

体・健康

タイ語	日本語	タイ語	日本語
râaŋkaay	体	hǔa	頭
phǒm	髪の毛	nâa	顔
phǐw	肌、皮膚	taa	目
camùuk	鼻	pàak	口
fan	歯	lín	舌
khɔɔ	喉、首	hǔu	耳
lày	肩	nâa ʔòk	胸
khɛ̌ɛn	腕	mɯɯ	手
níw	指	thɔ́ɔŋ	おなか
ʔeew	腰、ウエスト	saphôok	ヒップ
kôn	お尻	lǎŋ	背中
khǎa	脚	tôn khǎa	太もも
hǔa khàw	膝	nɔ̂ɔŋ	ふくらはぎ
tháaw	足	sôn tháaw	かかと
lép	爪	kradùuk	骨
mây sabaay	具合が悪い	mûay	だるい
pùat hǔa	頭が痛い	pùat thɔ́ɔŋ	おなかが痛い
khlɯ̂ɯn sây	吐き気がする	ʔaacian	吐く
ʔay	咳が出る	nám mûuk lǎy	鼻水が出る
mii khây	熱がある	rúusɯ̀k nǎaw	寒気がする
wian hǔa	めまいがする	pen wàt	風邪をひく
thɔ́ɔŋ rûaŋ	下痢	ʔaahǎan pen phít	食中毒
tàp ʔàksèep	肝炎	khây lûat ʔɔ̀ɔk	デング熱
rôok kraphɔ́ʔ	胃炎	khan	かゆい
phlɛ̌ɛ	傷	bàat cèp	けがをする
khlét	捻挫する	kradùuk hàk	骨折する
ʔàksèep	炎症を起こす	buam	腫れる
wát parɔ̀ɔt	検温する	ʔéksaree	レントゲン
chìit yaa	注射する	hây nám klua	点滴する
phàa tàt	手術する	khâw rooŋphayaabaan	入院する
phɛ́ɛ yaa	薬アレルギー	yaa kɛ̂ɛ pùat	鎮痛剤

暦

wan khɯ̂ɯn pii mày	元旦（1月1日）
wan dèk	子どもの日（1月第2土曜）
wan khruu	教師の日（1月16日）
wan trùt ciin	中国正月（1～2月）
wan waaleenthay	バレンタインデー（2月14日）
wan maakhábuuchaa	万仏節（2～3月）＊偶然に弟子1250人が釈迦のもとに集まった日を記念する
wan càkkrii	バンコク王朝記念日（4月6日）
wan sŏnkraan	タイ正月（水かけ祭り）（4月13～15日）
wan khrɔ̂ɔpkhrua	家族の日（4月14日）
wan chàttramoŋkhon	国王即位記念日（5月5日）
wan phɯ̂ɯtmoŋkhon	春耕節（農耕祭）（5月）
wan wísǎakhabuuchaa	仏誕節（5月）
wan ʔaasǎanhabuuchaa	三宝節（7月）＊釈迦が悟りをひらき、初めて説法し、仏・法・僧の三宝が成立した日
wan khâw phansǎa	入安居（7月）＊僧侶が3カ月間の寺での修行に入る日
wan chalə̌əm phráraachinii / wan mɛ̂ɛ	王妃誕生日 / 母の日（8月12日）
wan ʔɔ̀ɔk phansǎa	出安居（10月）＊僧侶が3カ月間の寺での修行を終える日
wan lɔɔy krathoŋ	灯篭流し（10～11月）＊水の神に感謝と祈りを捧げる日
wan chalə̌əm naylǔaŋ / wan phɔ̂ɔ	国王誕生日 / 父の日（12月5日）
wan rátthathammanuun	憲法記念日（12月10日）
wan khrísmâat	クリスマス（12月25日）
wan sîn pii	大晦日（12月31日）
wan yùt râatchakaan	祝日
ŋaan thêetsakaan	祭り

季節・年月日

nâa rɔ́ɔn	暑季	mɯ̂awaansɯɯn (níi)	おととい
nâa fǒn	雨季	wan níi	今日
nâa nǎaw	寒季	phrûŋ níi	明日
rɯ́duu baymáay phlìʔ	春	mɯ̂awaan (níi)	昨日
rɯ́duu baymáay rûaŋ	秋	marɯɯn níi	あさって

＊タイの季節：暑季3～5月、雨季6～10月、寒季11～2月

		thúk wan	毎日
mókkaraa(khom)	1月	ʔaathít níi	今週
kumphaa(phan)	2月	ʔaathít nâa	来週
miinaa(khom)	3月	ʔaathít thîi lɛ́ɛw	先週
meesǎa(yon)	4月	thúk ʔaathít	毎週
phrɯ́tsaphaa(khom)	5月	dɯan níi	今月
míthunaa(yon)	6月	dɯan nâa	来月
kàrákadaa(khom)	7月	dɯan thîi lɛ́ɛw	先月
sǐŋhǎa(khom)	8月	thúk dɯan	毎月
kanyaa(yon)	9月	pii níi	今年
tulaa(khom)	10月	pii nâa	来年
phrɯ́tsàcikaa(yon)	11月	pii thîi lɛ́ɛw	去年
thanwaa(khom)	12月	thúk pii	毎年

＊31日までの月は khom、30日までの月は yon、2月は phan が末尾に付く。話し言葉ではよく省略される。

pii	年	tɔɔn klaaŋwan	昼間
dɯan	月	tɔɔn klaaŋkhɯɯn	夜間
ʔaathít	週	tɔɔn cháaw	朝（早い）
wan	日	tɔɔn sǎay	朝（遅い）
wan thîi ～	～日（日付）	tɔɔn thîaŋ	昼
chûa mooŋ	～時間	tɔɔn bàay	午後
naathii	分	tɔɔn yen	夕方
tɔɔn níi	今	tɔɔn khâm	晩
dǐaw níi	今すぐ	tɔɔn dùk	夜遅く
mɯ̂akíi (níi)	さっき	tɔɔn nǎy	どの時間帯？

位置・方角

khâŋ bon	上	khâŋ lâaŋ	下
khâŋ nâa	前	khâŋ lăŋ	後ろ
khâŋ nay	中	khâŋ nɔ̂ɔk	外
khâŋ khâaŋ	横	troŋ klaaŋ	真ん中
khâŋ sáay	左側	khâŋ khwăa	右側
thít nŭa	北	thít tâay	南
thít tawan ʔɔ̀ɔk	東	thít tawan tòk	西

前置詞

bon ~	~の上	tâay ~	~の下
nâa ~	~の前	lăŋ ~	~の後ろ / 裏
nay ~	~の中	nɔ̂ɔk ~	~の外
khâaŋ ~	~の横	thîi ~	~で、~に
càak ~	~から（位置的）	tâŋtɛ̀ɛ ~	~から（時間的）
thŭŋ ~	~まで	kàp ~	~と（一緒に）
khɔ̌ɔŋ ~	~の	phʉ̂a ~	~のために
kìaw kàp ~	~に関して	sămràp ~	~用の、~にとって

接続詞

~ kàp ~	~と~	~ rŭɯ ~	~それとも~
lɛ́ɛw kɔ̂ɔ ~	それから~（話し言葉的）	lɛ́ʔ ~	そして~（固い表現）
tɛ̀ɛ ~	しかし~	thâa ~	もし~ならば
thŭŋ (mɛ́ɛ wâa) ~	たとえ~でも	ŋán ~	では~、じゃあ~
phrɔ́ʔ (wâa) ~	なぜなら~	kɔ̂ɔ ləəy ~	なので~、それで~
phɔɔ ~	~すると	tháŋ tháŋ thîi ~	~にもかかわらず
weelaa ~	~のとき（習慣・一般的）	tɔɔn ~	~のとき（一時的）
kɔ̀ɔn thîi ca ~	~する前に	lăŋcàak ~	~した後で

タイ語ミニ文法

1 丁寧語

男性は khráp、女性は khâʔ (疑問文や呼び掛けでは kháʔ) を文末に付けると丁寧な言い方になります。目上や初対面の相手に対しては付けるほうが良いでしょう。男性の khráp、女性の khâʔ は単独で「はい」という返事にもなります。

2 語の成り立ち

いくつかの語が組み合わさり一つの単語になった複合語が多いのがタイ語の特徴です。

例) sǎamii(夫) + phanrayaa(妻) = sǎamii phanrayaa　夫婦
　　hôŋ(部屋) + náam(水) = hôŋ náam　浴室、トイレ
　　khâw(入る) + cay(心) = khâw cay　理解する

タイ語は人称、数、格、時制などによる語形変化がありません。そのために語順や接辞詞、文脈が非常に重要になります。

3 人称代名詞

	単数	複数
1人称	私(男性) phǒm / 私(女性) dichán	私たち (phûak) raw
2人称	あなた khun	あなたたち phûak khun
3人称	彼/彼女 kháw	彼ら/彼女たち phûak kháw

日本語の1人称に「わたし、僕、俺、わたくし…」といろいろな言い方があるように、タイ語の人称代名詞もさまざまあり、話す相手や話題にする人の社会的地位によって使い分けます。ここではごく基本的な人称代名詞のみを挙げてあります。

4 指示詞

これ	níi	この〜	〜 níi
それ、あれ	nân	その〜、あの〜	〜 nán
あれ(遠く離れた)	nôon	あの〜(遠く離れた)	〜 nóon
どれ	ʔan năy	どの〜	〜 năy

指示代名詞(これ、それ、あれ)は声調が下声、指示形容詞(この、その、あの)は声調が高声です。指示形容詞は名詞や類別詞の後ろに置きます。

例) dɔ̀ɔkmáay níi (この花)
　　　花　　+ この

●場所、方向、状態を表す指示詞

ここ	thîi níi	こちら	thaaŋ níi
そこ、あそこ	thîi nân	そちら、あちら	thaaŋ nán
あそこ(遠く離れた)	thîi nôon	あちら(遠く離れた)	thaaŋ nóon
どこ	thîi năy	どちら	thaaŋ năy

このような(に)	yàaŋ níi
そのような(に)	yàaŋ nán
あのような(に)	yàaŋ nóon
どのような(に)	yàaŋ năy

5 語順

5.1. 被修飾語＋修飾語

タイ語は修飾語と被修飾語の関係が日本語とは逆で、被修飾語＋修飾語 の順です。

5.1.1. 被修飾語(名詞)＋修飾語(名詞)

例) phaasǎa thay （タイ語）
　　言語　＋　タイ

　　sanǎambin suwannaphuum （スワンナプーム空港）
　　　空港　＋　　スワンナプーム

所有・所属先を表して「誰々の〜」というときも後ろから前の語を修飾します。物＋khɔ̌ɔŋ(〜の)＋所有者 で言います。khɔ̌ɔŋ は省略することもあります。

例) bâan (khɔ̌ɔŋ) phɯ̂an （友達の家）
　　家　＋　〜の　＋　友達

5.1.2. 被修飾語(名詞)＋修飾語(形容詞)

例) hɔ̂ŋ yày （大きい部屋）
　　部屋 ＋ 大きい

5.2. 肯定文

基本的なタイ語の語順は、主語＋述語＋補語 です。

5.2.1. 名詞述語文

名詞が述語になる文は、繋動詞 pen や khɯɯ を英語の be 動詞のように用いて名詞と名詞をつなぎます。

(1) A pen B　「A は B(名詞)である」

pen(〜である) は、属性を示し、国籍、職業、続柄、病名などを表します。

例) kháw pen ʔaacaan （彼は先生です）
　　彼 ＋である＋ 先生

(2) A khɯɯ B　「A はすなわち B(名詞)である」

khɯɯ(すなわち〜である) は、A＝B の関係を示し、「A はすなわち B である」と主語 A そのもの自体を説明したり、「A こそがまさに B である」と言うときに用います。

例) nîi khɯɯ thúrian （これはドリアンというものです）
　　これ ＋ すなわち〜である ＋ドリアン

主語が指示詞の文や所有を表す文では pen や khɯɯ はしばしば省略されます。

例) nân mɯɯthɯ̌ɯ khɔ̌ɔŋ phǒm （それは私の携帯です）
　　それ＋ 　携帯　　＋ 〜の ＋ 私

5.2.2. 形容詞述語文

タイ語の形容詞は主語のすぐ後ろに続いて、それだけで述語になります。動詞のような働きをするので動詞として扱われることもあります。形容詞を修飾する語はさらに後ろに続きます。

例) wiw sǔay mâak （景色がとても美しい）

　　景色 + 美しい + とても

5.2.3. 動詞述語文

動詞が述語となる文です。目的語や、動詞を補う語は、動詞の後ろに続きます。

例) lûuk dichán pay rooŋrian （私の子どもは学校に行きます）

　　子ども + 私 + 行く + 学校

　　kin tôm yam kûŋ （トムヤムクンを食べます）

　　食べる + トムヤムクン

＊主語は日本語同様、省略ができます。

◎状態、程度、数量を表す語は動詞句の後ろに置きます。

例) phûut phaasǎa thay kèŋ （タイ語を上手に話します）

　　話す + タイ語 + 上手な

　　kin khanǒm yə́ʔ （お菓子をいっぱい食べました）

　　食べる + 菓子 + いっぱい

◎場所や時を表す語は、通常、動詞句＋場所＋時 の順です。

例) kin khâaw thîi ráan níi thúk wan （毎日この店でご飯を食べます）

　　食べる + ご飯 + ～で + この店 + 毎日

　　cəə kan thîi sathǎanii hâa mooŋ yen （午後5時に駅で会いましょう）

　　会う + 互いに + ～で + 駅 + 午後5時

◎主語＋動詞 (+名詞) ＋動詞 (+名詞)

複数の動詞(句)が連続して用いられます。

例) chɔ̂ɔp lên kiilaa （スポーツをするのが好きです）

　　好きである + する + スポーツ

　　pay kin khâaw maa （ご飯を食べに行って来ました）

　　行く + 食べる + ご飯 + 来る

◆時制

タイ語は時制による語形の変化がありません。時を表す語(今日、明日、昨日など)を付けたり、文脈や状況から現在、未来、過去を判断します。

5.3. 否定文

5.3.1. 名詞の否定

名詞を否定するには、mây chây(〜ではない)を名詞の前に置きます。「〜である」の意味の繋動詞 pen や khɯɯ は使わないので注意が必要です。

例) kháw mây chây nák rɔ́ɔŋ (彼は歌手ではありません)
　　彼　+ 〜ではない +　歌手

　　nîi mây chây krapǎw dichán (これは私のかばんではありません)
　　これ + 〜ではない + かばん + 私

5.3.2. 形容詞 / 動詞の否定

形容詞、動詞を否定するには、mây(〜ない)を形容詞や動詞の前に置きます。

例) phaasǎa thay mây yâak (タイ語は難しくない)
　　タイ語　　+ 〜ない + 難しい

　　phǒm mây dɯ̀ɯm lâw (私はお酒を飲みません)
　　私 + 〜ない + 飲む + 酒

◎動詞を修飾する語(副詞)を伴う文の否定は、副詞の前に mây(〜ない)を置きます。動詞の前ではないので注意しましょう。

例) dichán tham ʔaahǎan mây ʔarɔ̀y (私は料理をおいしく作らない)
　　私 + 作る + 料理　+ 〜ない + おいしい

　　phûut phaasǎa thay mây chát (タイ語をはっきりと話さない)
　　話す　　タイ語　　+ 〜ない + 発音が明瞭な

5.3.3. 現在進行形 / 完了 / 過去の否定　「〜していない、〜しなかった」

mây dây に動作を表す動詞を続けると、ある動作を「今はしていない」「するに至っていない」「完了していない」「過去にやらなかった」ことを表します。

例) chɯan níi phǒm mây dây len kɔ́ɔf (最近私はゴルフをしていない)
　　最近　+ 　私　 + 〜していない + する + ゴルフ

　　yaŋ mây dây ʔàap náam (まだ風呂に入っていない)
　　まだ + 〜していない + 　風呂に入る

　　cháaw níi mây dây kin kaafɛɛ (今朝はコーヒーを飲まなかった)
　　今朝　　+ 〜しなかった + 飲む + コーヒー

5.4. 疑問文

タイ語は文中に疑問詞があるかどうかで疑問文かどうかを判断します。日本語

の「行く？」のように語末や文末のイントネーションを上げて疑問文を作ることはありません。各音節、単語の声調は固定して決まっています。

5.4.1. 文末疑問詞を伴う疑問文

(1) ~ máy「~ですか？　~ますか？」

　形容詞/動詞述語文の一般的な疑問文を作ります。名詞述語文や否定文に用いることはできません。答える際はその形容詞/動詞で答えます。

　例) phrûŋníi wâaŋ máy （明日は空いていますか？）
　　　　明日　+空いている+ますか？

　　　wâaŋ（空いています）/ mây wâaŋ（空いていません）
　　　空いている　　　　　　　　~ない+空いている

　◎人を誘うときにも用いられます。

　例) pay thîaw kan máy （遊びに行かない？）
　　　行く+ 遊ぶ +一緒に+ますか？

(2) ~ rúu plàaw「~ですか？（そうではありませんか？）」

　rúu plàaw は「or not(それとも、そうではない)」の意味で、「そうであるのか、それとも違うのか？」というニュアンスを含む疑問詞です。形容詞/動詞を含む疑問文では、その形容詞/動詞で答え、名詞述語文では chây(そうです)、mây chây(違います) で答えます。

　例) mây dây cəə kan naan. khun phɔ̌ɔm loŋ　rúu plàaw
　　　~していない+会う+互いに+長く．　　あなた+痩せる+なる(程度の減少)+~ですか(どうですか)？

　　（長いこと会ってないけど、痩せましたか？＜違いますか？＞）

　　　kháw pen phîi chaay khun rúu plàaw
　　　彼　+~である+　　兄　+あなた+~ですか(違いますか)？

　　（彼はあなたのお兄さんですか＜違いますか＞？）

(3) ~ chây máy「~ですね？　~でしょう？」

　話し手の確信度が高いときに、確認したり、同意を求めたりする疑問詞です。返事は chây(そうです)、mây chây(違います)、あるいは用いられている形容詞/動詞で答えます。

　例) khun tôn chây máy （トンさんですよね？）
　　　トンさん　+~でしょう？

　　　yàak kin ʔaysakhriim chây máy （アイスクリームが食べたいんでしょう？）
　　　したい+食べる+アイスクリーム　+~でしょう？

(4) **～ rɯ̌ɯ**「～なのですか？」

　　見聞きした情報を確認したり、相手の言ったことをオウム返しで聞くときの疑問詞です。rɯ́ や rə̌ə とも発音します。単独であいづちの「そうなの？」にもなります。

　例) mây sabaay <u>rɯ̌ɯ</u>　（具合が悪いのですか？）
　　　　具合が悪い　＋～なのですか？

　　　sɔ̌ɔy rɔ́ɔy bàat rɯ̌ɯ　（200バーツなのですか？）
　　　200　＋バーツ＋～なのですか？

(5) **～ mây chây rɯ̌ɯ**「～ではないのですか？」

　　話し手の解釈、予想と違っていたときに用いる疑問詞です。

　例) ʔâaw, khun khâw prachum <u>mây chây rɯ̌ɯ</u>（あれっ、会議に出るんじゃなかったの？）
　　　あれっ＋あなた＋出席する　＋　会議　＋ではないのですか？

5.4.2.　疑問詞 5W3H を伴う疑問文

　いつ、誰が、どこで…等の疑問詞が伴うとそれだけで疑問文になります。疑問詞を用いてもタイ語の基本語順は一切変わりません。

□ **いつ**タイに行きますか？　　　　　　ca　pay mɯan thay <u>mûarày</u>
　　　　　　　　　　　　　　　　　　（未来）＋行く＋　タイ　＋　いつ

□ **誰**が訪ねて来ましたか？　　　　　　<u>khray</u> maa hǎa
　　　　　　　　　　　　　　　　　　誰　＋　訪ねて来る

□ 彼は**どこ**で働いていますか？　　　　kháw tham ŋaan <u>thîinǎy</u>
　　　　　　　　　　　　　　　　　　彼　＋　働く　＋　どこ

□ **何**を食べますか？　　　　　　　　　ca　thaan <u>ʔaray</u>
　　　　　　　　　　　　　　　　　　（未来）＋食べる＋　何

□ **なぜ**タイ語を勉強していますか？　　<u>thammay</u> rian phaasǎa thay
　　　　　　　　　　　　　　　　　　なぜ　＋勉強する＋　タイ語

□ **どのように**チェンマイに行きますか？　pay chiaŋmày <u>yaŋŋay</u>
　　　　　　　　　　　　　　　　　　行く＋　チェンマイ＋どのように

□ これは**いくら**？　　　　　　　　　　nîi <u>thâwràay</u>
　　　　　　　　　　　　　　　　　　これ＋　いくら

□ マンゴーを**いくつ**買いますか？　　　ca　sɯ́ɯ mamûaŋ <u>kìi</u> lûuk
　　　　　　　　　　　　　　　　　　（未来）＋買う＋マンゴー＋いくつ

　　　　　　　　　　　　　　　　　＊「いくつ？」は kìi（いくつの）＋類別詞です。

6 類別詞

~ khon	(人)	~人
~ tua	(動物、虫)~匹、(衣類)~着、(机、いす)~脚	
~ ʔan	(こまごました物)	~個
~ yàaŋ	(種類)	~種類
~ chín	(肉、菓子など)~片、~切れ、~ピース	
~ thîi	(器に入った料理、飲み物)	~人前、~つ
~ khûu	(箸、靴などのペアのもの)	~対
~ khrûaŋ	(機械、家電)	~台
~ khan	(車)~台、(傘)	~本
~ lêm	(本)	~冊
~ bay	(カード、皿)~枚、(かばん、コップ、わん)	~個
~ lûuk	(果物、ボール)	~個
~ khùat	(瓶)	~本、~瓶
~ krapǒŋ	(缶)	~缶
~ lǎŋ	(家)	~軒

◎物の数量を言う場合は、類別詞(〜匹、〜個など)を用います。物によって使う類別詞が決まっています。語順は 数詞＋類別詞です。
例) mii nákrian hâa khon （生徒が5人います）
   いる + 生徒 + 5 + 人

◎類別詞は物を指示詞(この、その、あの、どの)や形容詞などで特定するときにも使います。語順は 名詞＋類別詞＋指示詞/形容詞
例) yàakdâay rɔɔŋtháaw khûu níi （この靴が欲しい）
   欲しい + 靴 + 〜対 + この

   khɔ̌ɔ bia khùat lék （小瓶のビールを下さい）
   下さい + ビール + 〜瓶 + 小さい

7　助動詞

動詞の前に置く助動詞と、動詞句の後ろに置く助動詞があります。

◎動詞の前に置く助動詞

□ プーケットに遊びに行く**つもり**です。（未来・意思）
　　ca　pay　thîaw phuukèt
　　（未来）+ 行く + 遊ぶ + プーケット

□ マッサージに行き**たい**。（願望）　yàak ca pay　nûat
　　　　　　　　　　　　　　　　　　　したい + 行く + マッサージ

□ 日本に帰り**たくない**。　　　　mây yàak ca klàp yîipùn
　　　　　　　　　　　　　　　　　したくない + 帰る + 日本

□ 今夜は残業**しなければならない**。（義務）
　khɯɯn níi　　tôŋ　　　tham　ʔoothii
　　今夜　+しなければならない+する+ 残業

□ 明日の朝は早起き**しなくていい**。
　phrûŋníi cháaw　mây tôŋ　tɯ̀ɯn cháaw
　　明日の朝　+しなくていい+ 起きる + 朝早く

□ タイ舞踊を見**たことがある**。（経験）　khəəy　duu ram thay
　　　　　　　　　　　　　　　　　　　したことがある + 見る + タイ舞踊

□ ヨガを**したことがない**。　　　mây khəəy lên yookháʔ
　　　　　　　　　　　　　　　　したことがない + する + ヨガ

□ 今日は**まだ**新聞を読ん**でいない**。
　wanníi　yaŋ mây dây　ʔàan náŋsɯ̌ɯphim
　　今日 +まだ～していない+ 読む + 新聞

□ 昨日は外出**しなかった**。（過去の否定）
　mɯ̂awaanníi mây dây ʔɔ̀ɔk pay khâŋnɔ̂ɔk
　　昨日　+しなかった+　外出する

□ ちょうど電話**するところです**。　kamlaŋ ca thoo hǎa phɔɔdii
　　　　　　　　　　　　　　　　　するところです+ 電話かける + ちょうど

□ 母は料理を作っている**最中です**。　mɛ̂ɛ kamlaŋ tham ʔaahǎan
　　　　　　　　　　　　　　　　　　母+ の最中です+ 作る + 料理

□ 午後は雨が降る**かもしれません**。　tɔɔnbàay fǒn ʔàat ca　tòk
　　　　　　　　　　　　　　　　　　午後 + 雨 +かもしれない+ 降る

- ☐ 部屋にはエアコンがない**かもしれません**。　nay hôŋ ʔàat ca mây mii ʔɛɛ
  ~の中 + 部屋 + かもしれない + ~ない + ある + エアコン
- ☐ あと1時間で彼は来る**でしょう**。　ʔìik nùŋ chûamooŋ kháw khoŋ ca maa
  あと + 1 + 時間 + 彼 + でしょう + 来る
- ☐ 友達はドリアンが好き**ではないでしょう**。
  phûuan khoŋ ca mây chɔ̂ɔp thúrian
  友達 + でしょう + ~ない + 好きである + ドリアン
- ☐ 彼はきっと誤解したに**違いない**。　kháw tôŋ khâwcay phìt nɛ̂ɛnɛ̂ɛ
  彼 + 違いない + 理解する + 誤る + きっと
- ☐ 生徒たちは先生に手を合わせる**べきです**。
  nákrian khuan ca wâay khruu
  生徒 + するべきである + 合掌する + 先生
- ☐ 電車では携帯を使う**べきではありません**。
  nay rótfay mây khuan ca cháy mɯɯthɯ̌ɯ
  ~の中 + 電車 + するべきではない + 使う + 携帯
- ☐ さっき空港に着いた**ばかりです**。
  phə̂ŋ maa thɯ̌ŋ sanǎambin mɯ̂akíiníi
  したばかり + 到着する + 空港 + さっき
- ☐ 休日は家にいる**ことが多い**。　wanyùt mák ca yùu thîi bâan
  休日 + することが多い + いる + ~に + 家
- ☐ またお会い**できる**ことを願っています。　wǎŋ wâa ca dâay cəə kan ʔìik
  ~と願う + (未来) + できる + 会う + 互いに + また
- ☐ あなたも私たちと行っ**たらよかったのに**。
  khun nâa ca pay kàp raw
  あなた + するとよい + 行く + ~と + 私たち
- ☐ **忘れないでね**。　yàa lɯɯm náʔ
  しないで + 忘れる + ね
- ☐ **まだ**電気を**消さないで**。　yàa phə̂ŋ pìt fay
  まだ~しないで + 消す + 電気
- ☐ ここは写真撮影**禁止です**。（禁止）　thîinîi hâam thàay rûup
  ここ + 禁止する + 写真を撮る
- ☐ 夫は私に買い物に行**かせた**。（使役）　sǎamii hây dichán pay sɯ́ɯ khɔ̌ɔŋ
  夫 + させる + 私 + 行く + 買い物する

155

- 妹は兄にいじめ**られた**。(被害の受け身)
  nɔ́ɔŋ sǎaw thùuk phîi chaay raŋkɛɛ
  　　妹　　+される+　　兄　　+いじめる

◎動詞句の**後ろ**に置く助動詞

- 彼は英語を話す**ことができる**。(可能) kháw phûut phaasǎa ʔaŋkrìt dâay
  　　　　　　　　　　　　　　　　　　彼　+　話す　+　　英語　　+できる
- 来週は勉強に来る**ことができない**。 ʔaathít nâa maa rian　mây　dâay
  　　　　　　　　　　　　　　　　　来週　+来る+勉強する+〜ない+できる
- 泳ぐことが**できますか**？(技能・習得)
  wâay náam pen máy
  　泳ぐ　+できる+ますか？
- 子どもはまだ箸を使うことができない。
  lûuk yaŋ cháy takìap mây pen
  子ども+まだ+使う+　箸　+〜ない+できる
- まだ歩く**ことができる**。(力量的) yaŋ dəən wǎy
  　　　　　　　　　　　　　　　　まだ+　歩く+できる
- もう我慢を**することができない**。　thon　mây wǎy lɛ́ɛw
  　　　　　　　　　　　　　　　　　我慢する+〜ない+できる+もう
- **もう**ご飯を食べましたか？　　　kin　khâaw lɛ́ɛw rɯ́ɯ yaŋ
  　　　　　　　　　　　　　　　　食べる+　ご飯　+もう〜しましたか？
- **もう**メールを送りました (完了)　sòŋ ʔiimeew lɛ́ɛw
  　　　　　　　　　　　　　　　　送る+　Eメール　+もう
- 彼は家でテレビを見**ています**。　kháw duu thiiwii yùu thîi bâan
  　　　　　　　　　　　　　　　　彼　+見る+テレビ+している+〜で+家
- 父が私に車を買って**くれた**。　　phɔ̂ɔ sɯ́ɯ rót hây phǒm
  　　　　　　　　　　　　　　　　父　+　買う+車+あげる+　私
  　　　　　　　　　　　　　　　　　　　　くれる

キーワード索引

この本で学ぶときに、特に重要と思われるキーワードを索引としてまとめました。
付録は対象に含まれていません。

あ

アイスクリーム	68,136
アイスコーヒー	18,33,136
愛する	25
(部屋、席が)空いている	90,101,128
アイロン	111,132
アイロンをかける	111,130
会う	19,129
会う約束をする	130
青色	131
青パパイヤのスパイシーサラダ	135
赤	82,131
赤小玉ねぎ	137
赤信号	98
暁の寺	140
上がる	61,129
明るい	128
秋	144
開く	78
揚げバナナ	136
揚げパン	134
開ける	78,129
揚げる	134
朝	144
あさって	144
脚	142
足	142
アジア	141
アジアティーク ザ・リバーフロント	140
味が薄い、味が濃い	134
明日	34,144
味見する	69,130
預ける	95,130
アスパラガス	137
あそこ	60
遊びに行く	130
(移動して)遊ぶ	42
遊ぶ(=to play)	48,49,112,130
与える	129
暖かい	37,128
温かい	37,128
頭	12,142
頭が痛い	118,142
新しい	128
〜あたり	85
あちら	77
暑い、熱い	37,128
あなた	34
兄	52,133
姉	52,133
あの	35
危ない	117
油	134
脂っこい	134
アフリカ	141
アポイントを取る	100
甘い	43,134
あまり〜でない	85
雨	138
あめ	136
雨が降る	25
アメリカ	32,141
アユタヤ	139
洗う	111
嵐	138
アリ	138
ありがとう	30
ある(存在)	13,129
ある(所在)	78,129
歩く	61,129
あれ	35
あんかけクイティアウ	135
安全な	117
杏仁豆腐	136
言う	129
家	24,139
家に帰る	130
家を出る	130
胃炎	142
イカ	137
イギリス	33,141
行く	35,129
いくつ	46
いくつの?	55
居酒屋	66
医者	12,133
医者に行く	12
椅子	132
忙しい	90,101,128
急ぐ	117
痛い	118
炒める	134
イタリア	141
イタリア料理	134
1月	144
イチゴ	138
市場	82,139
いつ?	46
一緒に	91
いっぱい	70
いとこ	133
犬	138
今	144
今すぐ	144
妹	52,133
いる(存在)	13,129
いる(所在)	78,129
要る	83,129
衣類	12,131
入れる	69,130
色	131
インターネットをする	42
インターネットカフェ	139
インチ	122
インド	40,141
インドネシア	141
ウイスキー	136
上	145
ウエスト	142
雨季	144
受け取りに来る	84
受け取りに行く	84
受け取る	129
受ける	129
後ろ	145
薄い色	131

157

薄口スープ	135
歌	76
歌う	89
歌を歌う	76,89,130
美しい	36,128
腕	142
馬	138
海	18,138
売る	83,129
うるち米	137
上着	131
運転手	99,133
運転する	99,130
運動する	112,130
エアコン	12,132
映画	88
映画館	88,139
映画を見る	130
英語	33
ATMでお金を下ろす	112
ATM	112
駅	59,139
エスカレーター	74
エビ	24,67,137
エビすり身揚げ	135
MBKセンター（ショッピングモール）	140
エメラルド寺院	89,140
選ぶ	79
エレベーター	74
絵を描く	130
円	122
宴会	105
エンジニア	133
炎症を起こす	142
鉛筆	132
エンポリアム	140
おい	133
おいしい	36,128
おいしそう	70
オイスターソース	134
王宮	140
王宮前広場	140
横断歩道	99
多い	128

大きい	84,128
お金	25,132
お金を預ける/下ろす	112
お粥	134
起きる	106,111,129
送りに行く	100
送りに来る	100
送る	129
遅れる	107
怒る	130
伯父	133
教える	129
おしぼり	68
お尻	142
遅い	19,128
落ち着いた	131
お茶	18
夫	53,133
お釣り	60
弟	52,133
おととい	144
大人	133
驚く	130
おなか	118,142
おなかいっぱい	36,70
おなかがすいた	36,70
おなかが痛い	142
おなかを壊す	119
叔母	133
伯母	133
オフィス	104
覚える	129
お土産	77
重い	128
思う	129
おもちゃ	49
泳ぐ	112,141
降りる	61,129
オレンジジュース	33,136
オレンジ色	131
終わる	78,129
か 蚊	138
カード	75
カードキー	94
ガードマン	110

～階	77
～回	118
貝	137
会議	105
会議に出席する	105
外国	141
会社	48,139
会社員	48,133
海鮮料理	134
快適な	128
ガイド	95
買い物する	78,130
カイラン菜	137
カイラン菜炒め	135
買う	13,129
返す	130
帰る	25,129
変える	83,130
カエル	138
顔	142
カオマンガイ	66,135
香りのいい	42,128
顔を洗う	130
かかと	142
(時間が)かかる	62
カキ	137
鍵	94,132
かき氷	136
書く	111,129
カクテル	136
傘	75,132
菓子	41,136
歌手	133
風	138
家政婦	53,133
風邪をひく	119,142
家族	133
ガソリンスタンド	139
肩	142
片付ける	129
格好いい	19
学校	139
合掌する	90
悲しむ	130
カナダ	141

カニ	18,137	カンボジア	141	勤勉な	128
カニのカレー粉炒め	135	木	138	金曜日	54
金持ちの	128	黄色	131	具合が悪い	142
彼女	34	聞く	129	グアバ	138
かばん	75,132	菊花茶	136	クイティアウ	66,135
かばんを預ける	95	キクラゲ	137	空港	59,139
カフェ	66	聞こえる	119,129	空芯菜	137
カボチャ	137	(托鉢僧に)喜捨する	141	空芯菜炒め	135
カボチャプリン	136	傷	142	空腹の	70,128
紙	68	北	145	9月	144
髪	112	汚い	128	臭い	128
カミソリ	132	喫茶店	66,139	くし	132
髪の毛	142	切符	59	薬	12
髪を切る	112	気にしないで(大丈夫)	30	薬アレルギー	142
ガム	136	昨日	34,144	薬屋	139
亀	138	客、ゲスト	98	薬を塗る	12
カメラ	116,132	～脚(机、いす)	153	薬を飲む	12
～かもしれない	154	キャベツ	137	下さい	19,101
かゆい	142	キャンセルする	130	果物	33,138
火曜日	54	牛肉	18	果物・野菜のカービング	141
～から(場所・位置)	49,145	休暇を取る	107	口	142
～から(時)	79,145	休憩する	129	靴	75,131
辛い	43,134	休日	110	靴下	131
カラオケ	89	宮廷料理	134	首	118,142
カラス	138	牛肉	18,137	雲	138
体	142	牛乳	41,136	暗い	128
借りる	130	休養を取る	119	グラム	122
軽い	128	キュウリ	137	グリーンカレー	67,135
彼	34	今日	34,144	クリニック	116,139
川	18,138	教師	133	来る	129
皮	75	兄弟姉妹	52	車	25,58,62
かわいい	25,128	曲	76	車に酔う	107
変わる	83	去年	144	車を運転する	130
～缶	153	着る	69,83,90,130	クレジットカード	69
肝炎	142	切る	112	黒	82,131
考える	129	～切れ(肉、菓子など)	153	くわいのココナツミルクがけ	136
寒季	144	(聴いて)きれいな	90	軍人	133
観光する	42,130	キログラム	122	警察官	53,133
韓国	32,141	キロメートル	98,122	警察署	116,139
韓国料理	134	金色	131	携帯(電話)	18,132
看護師	133	銀色	131	携帯番号	98
感じる	129	金魚	138	警備員	133
簡単な	36,128	金庫	94	ケーキ	68,136
カンチャナブリ	139	銀行	139	けがをする	142
看板	59	禁止する	107	消しゴム	132

159

化粧品	132	コショウ	134	財布	75,132
消す	113,129	答え	105	サインする	70
ゲスト	98	答える	129	探す	19,129
ゲストハウス	94	ごちそうする	106	魚	24,137
ケチャップ	134	こちら	77	魚の浮き袋	137
結婚式	55	コック	133	下がる	61,129
結婚する	55,130	骨折する	142	先に	71
決心する	129	今年	144	酒	66,105,136
月曜日	54	子ども	52,133	酒に酔う	107
下痢	142	粉唐辛子	134	～させてください	69
～軒（家）	153	この～	35	～させてもらってもいいですか？	91
検温する	142	この辺り	78	～させる（使役）	155
券売機	59	ご飯	24	誘う	130
玄米	137	ご飯を食べる	130	サタン（1/100 バーツ）	122
～個	153	コピーする	106	サッカー	48,141
5	13	コブミカンの葉	137	サッカーをする	48
～語	33	ごみ	111	さっき	113,144
濃い色	131	ごみ箱	132	雑誌	132
恋人	53,133	ごみを捨てる	111	サツマイモ	137
幸運を祈ります	30	小麦粉	137	砂糖	134
公園	110,139	米（精米）	137	ザボン	138
香菜	137	ゴルフ	88,141	寒い	37,128
交差点	98	ゴルフ場	88,139	サムイ島	139
工場	104,139	これ	13	寒気がする	142
香水	42	これだけ	71	さようなら	30
合成皮革	75	これより	84	皿	111
高速道路	60	壊れる	19,119	サラダ	134
紅茶	18,41,136	紺色	131	さらに	31
後輩	133	今月	144	皿を洗う	111,130
公務員	133	コンサルタント	133	猿	138
コーヒー	18	今週	88,144	～される（被害の受け身）	117,156
コーラ	41,136	コンセント	132	～さん	34
氷	68,136	コンディショナー	76	3月	144
5月	144	コンドミニアム	139	残業	107
ゴキブリ	138	こんにちは、さようなら	30	残業する	107
顧客	98	コンビニエンスストア	74	サングラス	131
極細麺（ビーフン）	137	コンピューター	105,132	賛成する	106
国立博物館	140	さ サービスアパートメント	110	サンダル	75,131
ここ	60	～歳	49	散髪する	112,130
午後	144	サイアム駅	59	三輪タクシー（トゥクトゥク）	58
心地いい	127	サイアム・パラゴン	74,140	～時	60
ココナツ	138	サイアムスクエア	140	cc（ミリリットル）	122
ココナツミルクアイス	136	サイアム博物館	140	シーズニングソース	134
腰	142	最後の～	99	シイタケ	137
故障する	19	最初の～	99	CD	76

ジーパン	131	事務所	104	シルク	77
シーロム通り	140	ジムトンプソン(タイシルク店)	140	白、白色	82,131
塩	134	閉める	78,113,129	シンガポール	141
塩辛い	134	じゃあ〜	145	信号	98
〜し終わる	78	シャープペンシル	76,132	親戚	133
しかし	91,145	社員、会社員	133	親切な	36
4月	144	ジャガイモ	137	新聞	77,132
〜時間	61,144	写真を撮影する	90,130	酢	134
時間	61	ジャスミン茶	136	スイートバジル	137
事故	117	社長	133	スイカ	40,138
仕事	48	シャツ	74,131	スイカスムージー	136
仕事をする(働く)	49	ジャックフルーツ	138	水牛	138
事故にあう	117	しゃべる	129	水上市場	82,140
辞書	132	シャンパン	136	炊飯器	132
舌	142	シャンプー	76,132	水曜日	54
下	145	週	88,144	吸う	106
〜した後で	145	11月	144	数字	122
〜したい	37,154	10月	144	スーツ	131
下着	131	従業員	48	スーパー	49,139
〜したことがある	90,154	(車が)渋滞する	25	スカート	74,131
〜したばかり	113,155	12月	144	スカーフ	131
〜してから…	79	シューマイ	134	スキー	141
7月	144	修理工	113,133	好きである	35,129
実業家	133	修理する	113	少ない	128
知っている	61,129	終了する	129	スクムヴィット通り	59,140
質問	105	守衛	110,133	スケート	141
〜してあげる	156	シュガーアップル	138	スコータイ	139
〜していただけますか？	62	宿題をする	130	少し〜	37
〜していない	71	手術する	142	涼しい	37,128
〜しているところ	95,156	出発する	61	酸っぱい	134
〜してから…	79	主婦	53,133	すでに〜	37
〜してください	62	〜種類	153	捨てる	111
〜してもいい	71	上衣	131	ストライプ柄	131
〜してもらえますか？	91	ショウガ	137	すなわち〜である	36
〜しないで	13,155	定規	132	スノーボード	141
〜しなかった	71,154	上司	104,133	スパ	18,139
〜しなくていい	154	(小数)点	122	スパゲティ	134
〜しなければならない	90,154	上手な	36,128	スプーン	68
しばしば〜	113	暑季	144	スプライト	136
支払う	113	食中毒	142	スペイン	141
渋い	134	職場	104	〜すべきである	155
自分で〜	107	女性	133	スポーツ	141
〜しましょう	91	所帯を持っている	55	スポーツジム	139
閉まる	78	書類	104	スポーツ選手	133
事務員	133	白玉ココナツ汁粉	136	ズボン	74,131

161

すみません	30	ソーダ水	136	滝	138
住む	78,129	そこ	60	タクシー	58
すり身団子	137	そして～（固い表現）	145	タケノコ	137
する(do)	49,129	そちら	77	出す	112
する(play)	141	外	145	助けて！	116
～することが多い	155	その	35	尋ねる	129
～するつもりです	154	そのまま	101	正しい	128
～すると	145	祖父	133	ただの(無料の)	25
～するところ	154	祖母	133	立つ	129
～するところの(関係代名詞)	118	空	138	卓球	141
～するとよい	155	それ	35	ダック	137
～する前に	145	それから～	70	たとえ～でも	145
座る	129	それで～	145	楽しい	36,128
スワンナプーム空港	59	それでは	85	タバコ	75,106,132
清潔な	128	それとも	71,145	タバコを吸う	106,130
生徒	53,133	**た** ダース	122	タピオカ	137
西部	139	～台	153	食べる	25,42,129
西洋の	41	大学	139	卵	42,137
咳が出る	142	大学生	53,133	タマネギ	137
せっかちな	128	タイ仮面舞踏劇	141	タマリンド	138
せっけん	76,132	タイ語	33	ダムヌンサドゥアック水上市場	140
説明する	106,129	タイ(国)	32,141	試しに～する(試してみる)	83
背中	142	大根	137	試す	83,130
セパタクロー	141	大使館	116,139	タランワー（4平方メートル）	122
セブンアップ	136	タイ式伝統衣装	77	だるい	118,142
セブン-イレブン	74	タイ式卵焼き	67,135	たれ(調味料)	134
狭い	128	タイ式マッサージ	89,141	誰？	46
セロテープ	132	タイ式マッサージ店	139	男性	133
先月	144	タイ焼酎	136	小さい	84,128
先週	88,144	タイスキ	67,135	チェック	131
先生	53,133	怠惰な	128	チェックアウトする	95
全然～でない	113	体調が悪い	119	チェックインする	95
洗濯機	111,132	タイ伝統音楽	141	チェンマイ	60,139
洗濯する	111,130	タイ風ういろう	136	チェンライ	139
センチメートル	122	タイ風カスタード	136	地下	58
セントラルワールドプラザ	140	タイ風さつま揚げ	135	近い	101,128
先輩	133	タイ舞踊	89,141	違います	31
扇風機	132	タイボクシング	88,141	地下鉄	58
ソイ	59	太陽	138	力	112
象	138	タイ料理	24,141	チケット	59
掃除する	111,130	台湾	141	遅刻する	107
そうです	31	タオル	132	地図	99,132
僧侶	89	(値段が)高い	84,128	父	52,133
ソーイ・アソーク	140	(位置が)高い	128	茶	41
ソーイ・トーンロー （スクムヴィット５５）	140	～だから	107	チャーシューご飯	135

語	ページ
チャーハン	24, 135
茶色	131
〜着	85, 153
チャトゥチャック公園市場	140
中華まん	134
中華料理	134
中国	40, 141
中国茶	136
駐車場	61, 139
注射する	142
昼食	66
中部	139
注文する	69, 130
長距離バス	58
朝食	66
ちょうど良い	84, 134
調味料	134
チョンブリ	139
チリソース	134
鎮痛剤	142
〜つ（器に入った料理、飲み物）	153
ツアー	94
〜対（箸、靴などのペアのもの）	153
通報する	117
通訳	133
使う	62, 130
疲れた	128
月	88, 138, 144
次の	88
着く	129
机	105, 132
作る	49, 111, 129
（電気、電化製品を）つける	113, 129
都合がいい	101, 128
伝える	129
包む	79
妻	53, 133
爪	142
爪切り	132
冷たい	37, 128
連れる	117
手	142
〜で	62, 145
である	35
Tシャツ	82, 131
ディーゼル列車	58
DVDプレーヤー	132
定期市場	82
ティッシュ（紙ナプキン）	68, 132
テーブル	132
（機会を得て）〜できる	155
〜できる（可能）	37, 156
〜できる（技能・習得）	156
〜できる（力量的）	156
デザート	67
〜でしょう？	43
〜でしょう（推量）	155
〜ですか？	31, 43
〜ですか（どうですか）？	43
〜ですよね？	43
手伝う	130
テニス	141
では	85, 145
デパート	74, 139
〜ではない	43
〜でもいい	71
寺	33, 139
出る	61, 99
テレビ	111, 132
電化製品	132
電気	110
デング熱	142
電車	58
電子レンジ	132
電池	132
点滴する	142
電話	42, 132
電話する	130
電話番号	12
電話をかける	100
（〜に）電話する	130
〜と〜（接続詞）	85, 145
〜と（前置詞）	91, 145
度（温度、角度）	122
ドア	89, 110, 132
〜ということにしましょう	85
ドイツ	141
トイレ	77
トイレットペーパー	132
唐辛子	69, 134
東京	48
トゥクトゥク（三輪タクシー）	58
どうしましたか？	119
到着する	100
どうですか？	43, 91
東南アジア	141
豆乳	134
豆腐	137
東部	139
動物園	139
東北部	139
トウモロコシ	137
同僚	104, 133
遠い	101, 128
〜と思う	83
通り	59, 66
〜と考える	83
〜と聞いた	119
独身である	55
徳を積む	141
時計	75, 131
どこ？	46, 49
床に入る	112, 130
床屋	139
年	144
年寄りの	128
どちら	77
トッケイヤモリ	138
とても	30, 37
どの〜	62
どの時間帯？	144
どのように？	46
トマト	137
泊まる	95, 129
トムヤムクン	24, 67, 135
（車を）止める	61
友達	133
友達としゃべる	130
友達を訪ねる	130
土曜日	54
虎	138
ドライヤー	132
ドラゴンフルーツ	138
トラブル	105
とりあえずこれで	71

ドリアン	40,138	苦い	134	寝る	111,112,129
鶏肉	137	ニガウリ	137	年	49,88
鶏肉のココナツミルク煮	135	2月	144	捻挫する	142
鶏のあぶり焼き	135	～に関して	145	年齢	49
鶏のカシューナッツ炒め	135	肉	18,137	～の	91,145
鶏のバジル炒めご飯	67,135	西	145	～の後	119
鶏のラープ	135	～日(日付)	54,144	～の上	145
取る	83,129	～に違いない	155	～の後ろ	145
撮る	116	日曜日	54	ノート	132
どれ?	46	～につき	85	～の最中	154
泥棒	116	ニックネーム	48	～の下	145
トン	122	日本	32,141	～の外	145
豚足ご飯	135	～にとって	145	～のために	145
トントロのあぶり焼き	135	日本酒	136	喉	118,142
どんどん	101	日本人	32	喉が痛い	118
な ～ない	43	日本大使館	116	～のとき(習慣・一般的)	145
治る	116	日本料理	24	～のとき(一時的)	145
中	145	～にもかかわらず	145	～の隣	79
長い	128	入院する	117,142	～の中	79,145
長ナス	137	入場料	89	～の方がいい	117
流れる	95	入浴する	112,130	～の前(位置)	79,145
泣く	130	ニラ	137	～の前に	119
なくなる	116	煮る	134	飲み物	136
ナコンラチャシマ	139	鶏	42	飲み屋	66
なぜ?	46	～人	55,153	飲む	25,42,129
なぜなら	107,145	ニンニク	137	～の横	79,145
何	31,46,69	～人前(料理の類別詞)	71,153	のり	132
なので～	145	脱ぐ	83,90,130	乗合タクシー	58
～なのですか?	43	盗む	116	乗り換える	62
名前	48	～ね	25,31	乗る	61,129
ナマズ	137	ネギ	137	は 歯	142
生ビール	12,136	ネクタイ	74,131	場	59
何階?	77	猫	138	バーツ	82,122
なんきょう	137	ネズミ	138	パーティー	105
何時?	62	値段	82	はい(男性)	30
何時間?	62	値段を交渉する	83	はい(女性)	30
何日?	55	熱	118	～倍	122
何人?	55	熱がある	118,142	灰色	131
何人前?	71	ネックレス	75,131	灰皿	75,132
何番?	12	ネットに接続する	95	パイナップル	40,138
南部	139	涅槃寺	140	入る	61,99,117,129
ナンプラー	41,134	値引きする	83	吐き気がする	142
何名様?	71	寝間着	131	吐く	142
何曜日?	55	眠い	128	白菜	137
～に	62,145	眠る	111,112	パクチー	41,137

香菜	137	晩	144	疲労する	118
はさみ	132	パン	41	〜瓶(瓶)	153
箸	68	ハンカチ	132	ピンク色	131
橋	99	番号	12,98	頻繁に〜	113
端	66	バンコク	24,139	貧乏な	128
始まる	129	ハンサムな	128	ファイル	105
始める	129	パンツ	131	ファクス	132
走る	61,129	パンティッププラザ(ITビル)	140	ファストフード	134
バスケットボール	141	半日	94	フアヒン	139
外す	83,90	ハンバーガー	67,134	フィリピン	141
バスタオル	132	〜番目	55,99	プーケット	60,139
バス停	59	火	110	フードコート	66
パスポート	116	日	144	夫婦	53
パソコンをする	130	ピアス	131	プール	139
肌	142	〜ピース(肉、菓子など)	153	フォーク	68
働く	49,129	BTSスカイトレイン	58	部下	104,133
8月	53,144	ピーマン	137	ふかひれスープ	134
パッションフルーツ	138	ビール	12	服	12
発生する	106	日帰り	94	ふくらはぎ	142
パッタイ(タイ風焼きそば)	135	東	145	フクロタケ	137
パッタヤー	139	〜匹(動物、虫)	153	袋に入れる	79
バッテリー	132	低い	128	服を仕立てる	84
パットシイウ(太麺醤油炒め)	135	飛行機	58	豚	13
派手な	131	膝	142	豚肉	137
バドミントン	141	ピザ	67,134	仏教	141
花	138	ピサヌローク	139	仏像	89,141
鼻	142	秘書	133	ブドウ	138
花柄	131	左	98	太っている	128
話す	31,35,129	左側	145	太麺	137
バナナ	138	左に寄る	100	太もも	142
鼻水が出る	142	ヒップ	142	船着場	59
母	52,133	人	32	船	59
パパイヤ	40,138	皮膚	142	フライドチキン	134
歯ブラシ	132	暇な	90,101,128	ブラウス	74,131
バミー(中華麺)	66,135	100グラム	122	プラトゥーナーム市場	140
歯磨き粉	132	ビュッフェ	66,134	プラパトムチェディー	140
速い	128	秒	60	フランス	141
春	144	病院	116,117,139	フランス料理	134
春雨	137	美容院	139	ブランデー	136
春雨のスパイシー和え	135	病気で休む	107	プリペイドカード	75
バレーボール	141	病気になる	107	プリンター	132
腫れる	142	昼	144	古い	128
歯を磨く	130	昼間	144	ブレスレット	75
半	60	広い	128	ブローチ	131
〜晩	95	拾う	129	〜分	60,144

文房具	132	本屋	76	身支度する	78,130
平日	110	**ま** 枚	85	水	24,136
平方キロメートル	122	～枚(カード、皿)	153	水色	18,131
平方メートル	122	毎週	144	水着	131
北京ダック	134	毎月	144	水玉	131
ベジタリアン料理	134	毎日	113,144	店	32
ベッド	94	毎年	144	見つける	129
ベトナム	40,141	前	145	緑色	131
ベトナム料理	134	曲がる	99	南	145
蛇	138	(値段を)まける	83	醜い	128
部屋	94	孫	133	身につける	83,90
減らす	83	まずい	128	耳	142
ベルト	131	～ますか？	43	ミャンマー	141
～片(肉、菓子など)	153	まだ	70,71	ミリメートル	122
ペン	76,132	まだ～していない	154	見る	13,83,129
勉強する	35,129	まだ～しないで	155	民主記念塔	140
変更する	130	また会いましょう	30	ミント	137
弁護士	133	待ち合わせる	90	迎えに行く	100
返事	105	間違った	128	迎えに来る	100
便利な	128	待つ	19,129	迎える	129
報告書	104	マッサージ	89	無地	131
報告する	104	真っすぐ行く	100	蒸す	134
帽子	131	抹茶	18	難しい	36,128
ボーダー柄	131	～まで	79,145	息子	52,133
ホーリーバジル	137	窓	110	娘	52,133
他の～	85	マネージャー	133	胸	142
他の色	85	豆	137	紫色	131
他の型	85	マラソン	141	無料の	25
他の柄	85	丸ナス	137	目	142
ボクシングスタジアム	88	マレーシア	141	めい	133
北部	139	マンゴー	41,138	名刺	98
ポケット	75	マンゴージュース	136	命令する	69
星	138	マンゴーもち米添え	136	メートル	98,122
欲しい	78,129	マンゴスチン	138	メールを送る	106
細麺	137	満室	94	眼鏡	131
ホチキス	132	真ん中	145	目覚める	111
ホットコーヒー	18,33,136	満杯	90	目玉焼き	67
ホテル	94,139	満腹の	36,128	メニュー	12
歩道橋	99	見える	129	めまいがする	142
骨	142	みかん	33	～も	70
本	132	ミカン	138	もう～	37,156
～本(傘)	153	右	98,100	もう～しましたか？	71,156
～本(瓶)	153	右側	145	木曜日	54
香港	141	右に寄る	100	もし～ならば	145
本社	104	短い	128	もしもし	101

もち米	135,137	〜用の	145	レッドカレー	135
持つ	129	ヨーロッパ	141	レモングラス	137
持っている	55	浴室	77	レントゲン	142
持って帰る	70	横	145	連絡する	99,130
持って来る	106	呼ぶ	129	ローズアップル	138
物	67	読む	111,129	ローズガーデン	140
〜もまた…	19	予約する	89,130	6月	144
モヤシ	137	より〜	84,117	路地	59
もらう	129	夜遅く	144	ロシア	141
門	89,110	喜ぶ	130	路線バス	58
問題	105	4	98	**わ** Wi-Fi	94
や ヤード	122	**ら** ラーマ4世通り	140	ワイン	136
ヤオワラート（中華街）	140	ライ（1600平方メートル）	122	若い	128
夜間	144	雷魚	137	分かる	129
焼肉	134	来月	144	忘れる	101,129
野球	141	来週	88,144	私（男性）	34
約〜	62	ライス	135	私（女性）	34
焼く	134	ライター	132	私たち	34
約束する	130	ライチ	138	渡る	99
野菜炒め	135	来年	144	ワニ	138
安い	84,128	ライムジュース	136	ワニ園	140
休みを取る	107	ラオス	40,141	笑う	130
痩せている	128	ラヨーン	139	悪い	128
屋台	66,139	ランブータン	138	ワンピース	131
家賃	110	理解する	31,129	〜を送りに行く	130
山	18,138	リットル	122	〜をお願いします（電話で）	101
飲茶	134	龍眼	138	〜を禁止する	155
やめて	13	了解です	100	〜を連れて行く	130
やめる	129	両替所	139	〜を迎えに行く	130
ヤモリ	138	両替する	112,130	〜を持って行く	130
遊園地	139	領収書	69		
夕方	144	両親	52		
夕食	66	料理	24		
友人	48	料理店	32		
郵便局	139	料理を作る	130		
ゆっくり	19	緑茶	18,136		
ゆで卵	67	リンゴ	138		
ゆでる	134	リンス	132		
指	142	ルーシーダットン	141		
指輪	131	ルンピニー公園	140		
〜よ	25	ルンピニーボクシングスタジアム	140		
良い	13,128	冷静な	128		
酔う	107	冷蔵庫	94,132		
用意する	130	レジ	76		
洋画	88	レストラン	32,139		

167

キクタン タイ語
【入門編】

発行日	2014年11月26日（初版）
著者	上原みどりこ
編集	日本語チーム
編集協力	佐々木ミンクワン／㈲データクリップ
装丁・表紙・CDレーベルデザイン	アートディレクター　細山田光宣
	デザイン　野村彩子【細山田デザイン事務所】
DTP・本文デザイン・イラスト	奥山和典【酒冨デザイン】
ナレーション	アドゥン・カナンシン／ミナ・チョンパイブーム／北村浩子
音楽制作・録音・編集	Niwaty
CDプレス	株式会社ソニー・ミュージックコミュニケーションズ
印刷・製本	シナノ印刷株式会社
発行者	平本 照麿
発行所	株式会社アルク
	〒168-8611　東京都杉並区永福2-54-12
	TEL　03-3327-1101
	FAX　03-3327-1300
	Email：csss@alc.co.jp
	Website　http://www.alc.co.jp/
著者プロフィール	上原みどりこ
	東京外国語大学卒。大阪大学大学院博士課程前期修了。
	(財)アジア学生文化協会ABKアジアセミナータイ語講座講師。

©2014 UEHARA Midoriko ／ ALC PRESS INC.
OKUYAMA Kazunori ／ Niwaty
Printed in Japan.

＊落丁本・乱丁本は弊社にてお取り替えいたしております。アルクお客様センター（電話：03-3327-1101 受付時間：平日9時〜17時）までご相談ください。本書の全部または一部の無断転載を禁じます。著作権法上で認められた場合を除いて、本書からのコピーを禁じます。定価はカバーに表示してあります。

PC：7014059
ISBN：978-4-7574-2495-1

地球人ネットワークを創る

アルクのシンボル
「地球人マーク」です。